Farben. Wohnen. Wohlfühlen!

CATHERINE CUMMING

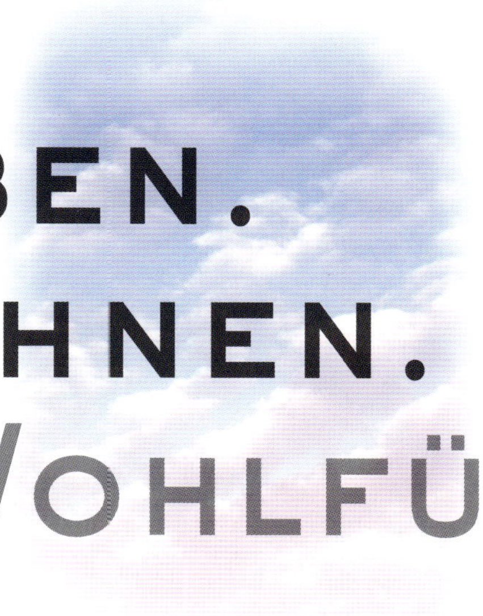

Farben. Wohnen. Wohlfühlen!

Wie Farben im Haus unser Wohlbefinden beeinflussen

Augustus

In Liebe gewidmet für Antony und Mary

Die Deutsche Bibliothek - CIP-Einheitsaufnahme

Ein Titeldatensatz für diese Publikation ist bei Der Deutschen Bibliothek erhältlich.

Die englische Originalausgabe erschien bei
Mitchell Beazley, 2-4 Heron Quays, London E14 4JP
unter dem Titel: colour healing home

Übersetzung, Lektorat und Satz: Twin Books, München
Design und Layout: Tony Spalding

Augustus Verlag München 2001

ISBN 3-8043-0947-X
Printed in China

INHALT

FARBEN

UND WOHLBEFINDEN

FARBKREIS

Anhand des traditionellen Farbkreises – der natürlichen Ordnung der Farben – lassen sich deren Beziehungen untereinander erklären und neue Kombinationen herstellen. Mit Ausnahme der drei Primärfarben Rot, Gelb und Blau lassen sich alle anderen Nuancen erzeugen.

Durch Mischen von zwei Primärfarben erhalten Sie eine so genannte Sekundärfarbe: Orange (Rot + Gelb), Grün (Gelb + Blau) und Violett (Blau + Rot). Wenn Sie einer dieser Farben Weiß zugeben, spricht man von einem hellen, wenn Schwarz beigemischt wird, von einem dunklen Farbton. Mit Farbton bezeichnet man den Sättigungsgrad einer Farbe, das heißt wie hell oder dunkel dieser ist. Wenn Sie Ihre Wohnung neu gestalten, sollten Sie bei der Auswahl der Farben immer auf ähnliche Tonwerte achten. Das wird Ihnen helfen, bei harmonischen oder kontrastreichen Gestaltungen genau das gewünschte Ergebnis zu erhalten.

Die Farben, die auf dem Farbkreis genau gegenüberliegen – beispielsweise Orange und Blau – werden Komplementärfarben genannt. Sie sind in ihrem Charakter sehr gegensätzlich. Wenn in einem Raum die Farbe Blau an einer Wand dominiert, kann dies den Wunsch nach Erleichterung und Ausgleich hervorrufen. Setzen Sie dann Farbakzente in der Komplementärfarbe Orange.

Ein weiterer wichtiger Aspekt eines Farbtons ist die Vermittlung von „Wärme" oder „Kälte". Der rot-orangefarbene Bereich des Spektrums bewirkt, dass ein Zimmer nicht nur wärmer erscheint, er leistet zugleich auch eine optische Verkleinerung des Raumes. Umgekehrt schaffen die Farben aus dem blau-grünen Spektrum eine kühle Atmosphäre.

Man kann sich diese Farbeigenschaften auf unterschiedliche Weise zunutze machen. Wenn Sie eine niedrige Decke zum Beispiel höher erscheinen lassen wollen, streichen Sie diese in einer hellen, kühlen Farbe. Mit einer kräftigen, warmen Farbe wirkt sie niedriger. Wenn Sie einen langen Korridor optisch verkürzen wollen, streichen Sie ihn in einer warmen Farbe. Umgekehrt können Sie einen schmalen Raum durch kühle Farbe weniger beengt erscheinen lassen. Generell gilt jedoch, dass jede Gestaltung harmonischer wirkt, wenn Sie kalte und warme Farben kombinieren.

LICHT- UND PIGMENTFARBEN

Farbiges Licht und Pigmente reagieren beim Mischen sehr unterschiedlich. Die drei Primärfarben des Lichtes sind Rot, Grün und Blau/Violett. Ihre Sekundärfarben sind Gelb (Rot + Grün), Türkis (Grün + Blau/Violett) und Magenta (Rot + Blau/Violett). Licht aus den drei Primärfarben des sichtbaren Spektrums wird als weiß wahrgenommen. Mischen Sie jedoch die Pigmentprimärfarben, erhalten Sie Schwarz. Der Grund dafür liegt darin, dass jede Pigmentfarbe ausschließlich die Wellenlänge des Lichts reflektiert, die ihrer eigenen Farbe entspricht. In der Farbtherapie wird daher mit farbigem Licht eine viel größere Wirkung erzielt als mit Pigmentfarben. Zu Hause sollte man beides jedoch nur mit Vorsicht einsetzen und bei der Verwendung unbedingt einen Spezialisten zurate ziehen.

FARBUNTERSTÜTZUNG

Die reinen Farben des Regenbogens spenden die größte Lebenskraft und Energie. Jede einzelne hat ihre eigene einzigartige Schwingungsfrequenz für das Leben und die Gesundheit. Aber auch die anderen Farben haben die Aufgabe, unsere farbenfrohe Umwelt zu unterstützen.

Streng genommen ist Weiß keine Farbe, sondern die Abwesenheit von Farbe. In der Therapie steht Weiß für Licht, Reinheit und Gnade. Es ist rein, ruhig und unschuldig. In der Innenarchitektur wird es oft als idealer Hintergrund für farbige Möbel, Bilder und Wandgestaltungen verwendet. Wenn Weiß jedoch ohne farbliche Unterbrechung und Auflockerung eingesetzt wird und die Räume dominiert, kann Ihr Zuhause leblos, steril und sogar verlassen wirken.

VOR SCHWARZ WIRD GEWARNT!

Der Gegensatz zu Weiß ist Schwarz, eine Farbe, die bei der Inneneinrichtung mit großer Vorsicht zu verwenden ist. Man sollte es, wenn überhaupt, nur in kleinen Mengen und auch nur in Kombination mit anderen Farben einsetzen.

Da Schwarz andere Farben nicht reflektiert, sondern absorbiert, hat es eine Energie raubende Wirkung. Wenn Sie sich in Schwarz kleiden, sollten Sie diesen Einfluss ausgleichen, indem Sie farbige Accessoires tragen. Da es nicht lichtdurchlässig ist und die Haut so von keiner Farbe

berührt werden kann, wirkt es sich ungünstig auf unser Wohlbefinden aus. Schwarz kann uns nicht die Lebenskraft geben, die uns andere Farben schenken.

TRAGENDES GRAU

Wenn man weiße Farbsubstanz mit Schwarz mischt, bekommt man Grau, eine neutrale, weder kalt noch warm wirkende Farbe. Grau allein erscheint flach und leblos und wird deswegen oft mit negativen Gefühlen assoziiert. Dabei kann gerade diese Farbe andere Töne hervorragend unterstützen.

Einer Umgebung ohne Grauton kann Gediegenheit oder Struktur fehlen. Alle Farben des Regenbogens werden durch Grau hervorgehoben und intensiviert. Für die Ausstattung von Innenräumen empfiehlt sich Grau jedoch nicht. In Verbindung mit lebhafteren Farben dagegen kann es sehr effektvoll wirken.

FARBEN DER NATUR

Braune Farbtöne wirken erdend und tragend. Es gibt viele Gebrauchsgegenstände wie Möbel, Fußböden oder Tür- und Fensterrahmen in verschiedenen Naturholztönen. Wie die Erdfarben der Natur, werden sie meist als warm und einladend empfunden. Manche Farben bekommen in Kombination mit Braun einen erdigeren und weicheren Charakter. Das gilt besonders für warme Rot- und Orangetöne.

Sie sollten sich von der Regel leiten lassen: Je reiner die Farbe, desto gesünder ihre Wirkung. Zu viele dunkle Farben können Lethargie oder Depressionen auslösen. Das können Sie verhindern, indem Sie diese mit helleren und leuchtenderen Farben auflockern. Eine Vorliebe für eine bestimmte reine, klare Farbe ist oft ein Zeichen für eigene Klarheit und tiefes Vertrauen in die Wirkung der jeweiligen Farbe.

DIE CHAKREN

Chakren sind Energiezentren, durch welche die Urkraft – das weiße Licht der Sonne – über unsere Aura in unseren Körper gelangt, um unser Leben zu erhalten. Diese Urkraft liegt allem Wachstum zugrunde und alle Lebewesen auf diesem Planeten sind von ihr abhängig.

Die sieben Hauptchakren liegen an verschiedenen Körperstellen auf einer Achse, die vom unteren Ende der Wirbelsäule bis zum Scheitel verläuft. Ihre genaue Lage kann bei jedem Menschen etwas variieren. Darüber hinaus gibt es viele Nebenchakren, wie beispielsweise an den Fingerspitzen, Füßen, Schultern und Händen. Chakren sind so eng mit Körper und Psyche verbunden, dass sie großen Einfluss auf uns ausüben.

Das Wort „Chakra" kommt aus dem Sanskrit. „Chakrum" heißt übersetzt „Rad". Wie ein Rad absorbieren sie in ständig kreisenden Bewegungen Energieströme. Jedes Chakra ist für eine bestimmte Wellenlänge oder Farbkomponente des so genannten „weißen" Lichts empfänglich. Die Hauptchakren nehmen die Hauptfarben des Regenbogens auf und geben sie an den Körper weiter. Bei einem gesunden Menschen geben sie genauso viel Energie ab, wie sie aufnehmen.

DER MENSCH UND SEINE CHAKREN

Der Bedarf an verschiedenen Lichtfarben ist von Mensch zu Mensch verschieden. Unsere mentale, emotionale und physische Gesundheit hängt davon ab, wie gleichmäßig wir mit allen Energien versorgt werden. Jedes einzelne Chakra wird durch die Qualitäten der anderen beeinflusst. Wenn zum Beispiel das Wurzel-Chakra (Instinkt, Überlebenswille und Vitalität) blockiert ist, beeinträchtigt das auch die Funktionsfähigkeit der anderen Energiezentren. Wenn Sie Blockaden auflösen und Ihre Chakren harmonisieren wollen, dann fangen Sie am besten von unten nach oben an. Die Chakren werden oft mit Blumen verglichen, die sich öffnen und schließen. Das Symbol des Wurzel-Chakras ist ein vierblättriger, das des Kronen-Chakras ein tausendblättriger Lotos.

DIE EINZELNEN CHAKREN

ROT: **WURZEL-CHAKRA**

Ihre physische Kraft und Vitalität hängt entscheidend von der Menge dieser Farbenergie ab. Mit einem gesunden roten Chakra sind Sie leidenschaftlich, zuversichtlich und voller positiver Energien. Außerdem haben Sie einen starken Willen, Ehrgeiz, Durchsetzungsvermögen und Ausdauer. Zu den positiven Gefühlen gehören Wärme, Freundschaft, Spannung und Leidenschaft. Bei Mangel leiden Sie unter Müdigkeit, fühlen sich orientierungslos, minderwertig oder neigen zu Wutausbrüchen, Ärger und Aggressionen. Im schlimmsten Fall kann eine Störung dieser Farbenergie Genusssucht, Rücksichtslosigkeit oder Aufdringlichkeit verursachen.

ORANGE: **SAKRAL-CHAKRA**

Dieses Zentrum versorgt das Verdauungssystem und die Fortpflanzungsorgane mit Energie. Ein gesundes Sakral-Chakra macht Sie zu einem offenen, geselligen, sportlichen, gutmütigen und großzügigen Menschen. Sie sind abenteuerlustig, spontan, risikofreudig und können

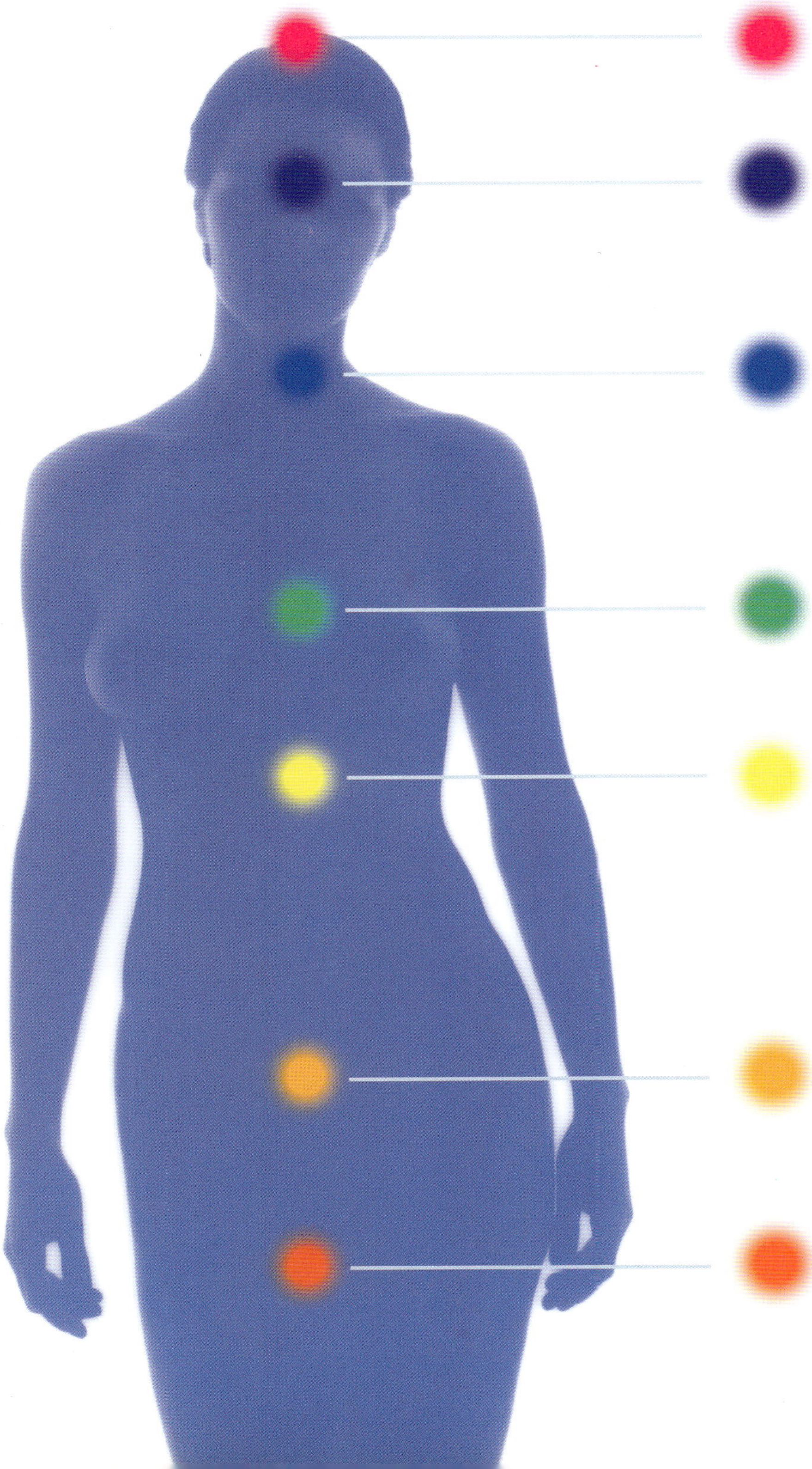

MAGENTA, WEISS ODER GOLD: KRONEN-CHAKRA
Das Energiezentrum für Verstehen, Erkenntnis, Weisheit und Wissen, Transzendenz und Göttlichkeit. Zugeordnete Organe/Drüsen: Großhirn, zentrales Nervensystem, rechtes Auge.

VIOLETT: STIRN-CHAKRA
Das Chakra des Dritten Auges ist für Einsicht, Intuition und hellseherische Fähigkeiten zuständig. Zugeordnete Organe/Drüsen: Hirnanhangsdrüse (Hypophyse), linkes Auge, Nase, Ohren und Wirbelsäule.

BLAU: HALS-CHAKRA
Energiezentrum für Hören und verbale und kreative Ausdruckskraft. Zugeordnete Organe/Drüsen: Schilddrüse, Nebenschilddrüse, Hypothalamus, Hals und Mund.

GRÜN: HERZ-CHAKRA
Energiezentrum für Liebe, Ausgeglichenheit und Selbstbejahung. Ein harmonisch arbeitendes Herz-Chakra strahlt Liebe, Sicherheit, Freundlichkeit und Vergebung aus. Zugeordnete Organe/Drüsen: Herz, Thymusdrüse, Blutkreislaufsystem, Arme, Hände und Lungen.

GELB: SOLARPLEXUS-CHAKRA
Energiezentrum für Eigenwillen, Selbstbestimmung, Intellekt, Ego und individuelle Kraft. Es vermittelt positive Gefühle, Wissen und Selbstsicherheit. Zugeordnete Organe/Drüsen: Bauchspeicheldrüse, Magen, Leber, Gallenblase, Nervensystem und Muskeln.

ORANGE: SAKRAL-CHAKRA
Energiezentrum für Fortpflanzung und Kreativität. Ein gesundes orangefarbenes Chakra sorgt für ein geselliges, offenes, humorvolles Wesen, das Spaß, Vergnügen und Bewegung liebt. Zugeordnete Organe/Drüsen: Nebennieren, Eierstöcke, Hoden, Prostata, Genitalien, Milz, Gebärmutter und Blase.

ROT: WURZEL-CHAKRA
Energiezentrum für Instinkt, Überlebenswillen und Selbsterhaltung. Ein gesundes Wurzel-Chakra spendet Vitalität und gibt physischen Antrieb. Zugeordnete Organe/Drüsen: Genitalien, Nieren, Wirbelsäule, Dickdarm, Beine und Knochen.

leicht mit anderen Menschen kommunizieren. Bei Funktionsstörungen kommt es zu Gefühlen von Angst, Unwohlsein und Schüchternheit. Dieses Chakra ist zuständig für die Zeugungsfähigkeit, Sexualität und die Nahrungsaufnahme. Bei Unterfunktion ist der Verdauungsprozess gestört, es kann zu Appetitlosigkeit, Müdigkeit und mangelnder Vitalität kommen. Eine Blockade kann zu Fresssucht, sexuellen Schwierigkeiten und emotionalen Problemen führen .

GELB: SOLARPLEXUS-CHAKRA

Dieses Energiezentrum versorgt das Nervensystem, die Verdauung, den Stoffwechsel und die Gefühle. Es ist der Sitz des Willens, der Autorität, der Selbstbeherrschung und des Intellekts und beeinflusst die Persönlichkeitsentfaltung. Da Gelb mit dem Intellekt in Verbindung gebracht wird, sorgt es für ein wissbegieriges, analytisches und kritisches Wesen. Blockaden können zu Kraftlosigkeit, Orientierungslosigkeit oder Verlustangst führen. Diese Angst kann bewirken, andere verstärkt kontrollieren zu wollen. Eine Überbetonung führt zu Machthunger und Anerkennungssucht. Im harmonischen Zustand strahlt das Solarplexus-Chakra Wärme und Wissen aus.

GRÜN: HERZ-CHAKRA

Auf der physischen Ebene sorgt dieses Energiezentrum für die Funktionsfähigkeit des Herzens, des Blutes und des Brustbereichs. Disharmonie kann demzufolge einen hohen oder niedrigen Blutdruck und sogar Herzprobleme nach sich führen. Ein harmonisch arbeitendes Herz-Chakra sorgt für Sicherheit, die Fähigkeit zu bedingungsloser Liebe und bewirkt damit ein freundliches, verzeihendes Wesen. Es ist die Grundlage für einen mitfühlenden, verständnisvollen Charakter, der die einfachen Dinge des Lebens zu schätzen weiß. Dieses Chakra beeinflusst auch emotionale Probleme und Verdrängungen, die zu Herzanfällen führen können. Eine Unterfunktion des Herz-Chakras kann zu übertriebener Vorsicht, Neid und Eifersucht führen.

BLAU: HALS-CHAKRA

Auf physischer Ebene ist dieses Chakra mit den kreativen Begabungen, Sprache, Schreiben und Kunst verbunden. Mit einem gesunden Hals-Chakra besitzt man Integrationsfähigkeiten, ein freundliches Wesen, ist ehrlich und strahlt Frieden, Wahrhaftigkeit und Wissen aus. Wenn dieses Chakra blockiert ist, kann das zu Kommunikations- und Sprachproblemen führen, wie auch zu Melancholie, Depressionen, Apathie, Trägheit oder dem starken Bedürfnis, sich zurückzuziehen.

VIOLETT: STIRN-CHAKRA

Dieses Chakra liegt im Bereich zwischen den Augenbrauen und wird das „Dritte Auge" genannt. Es ist der Zugang zum universalen Wissen. Es beeinflusst die Sinnesorgane des Sehens, Hörens und Riechens, die Intuition und das Urteilsvermögen. Wenn sich dieses Chakra in Harmonie befindet, fördert es spirituelle, psychische und hellseherische Fähigkeiten. Blockaden führen hier zu Minderwertigkeitsgefühlen oder zur Illusion, von allen getrennt zu sein. Befindet sich das Stirn-Chakra im Ungleichgewicht, kann eine Neigung zu übermäßiger Abstraktion oder zu Träumereien bestehen.

MAGENTA, WEISS ODER GOLD: KRONEN-CHAKRA

Dieses Chakra liefert Energie an das obere Gehirn (Cerebrum), wo die feinstofflichen, geistigen Kräfte in unsere Aura eintreten. Wenn dieses Chakra nicht ausgeglichen ist, können physische Probleme wie Kopfschmerzen und Migräne auftauchen. Blockaden können zu Verwirrungen, mangelnder Inspiration, Reserviertheit, Depressionen oder Entfremdung führen. Wenn es sich jedoch in harmonischem Gleichgewicht befindet, strahlt es Liebe, Mitgefühl und innere Stärke aus und bildet die Grundlage für eine engagierte und starke Persönlichkeit.

UNSERE AURA

Jeder von uns ist von einem als „Aura" bezeichneten elektromagnetischen Energiefeld umgeben, einer vielschichtigen, pulsierenden Energie feinstofflicher Ausstrahlung, die manchmal als Farbe wahrgenommen wird. Jeder Körper und jedes lebende Wesen hat seine eigene Aura, in der vergangene und zukünftige Lebenserfahrungen abgebildet sind. Ob die wahrgenommenen Farben klar und hell oder trüb und dunkel sind, hängt von Ihrem Gesundheitszustand ab. Sie ändern sich je nach Qualität Ihrer Gedanken, Gefühle und Lebenserfahrungen. Ein vollständiges Farbspektrum lässt auf eine gesunde körperliche und geistige Verfassung schließen. Auch wenn wir sie nicht sehen können, spüren doch die meisten von uns die Aura eines anderen Menschen. Weißes Licht wird von uns aufgenommen und als Farbenergie auf die entsprechenden Chakren verteilt. Aura und Chakren sind direkt miteinander verbunden. Von einer gesunden Aura kann man auf ein gesundes Chakrasystem schließen und umgekehrt.

DER REGENBOGEN

Das Sonnenlicht enthält verschiedene Frequenzen elektromagnetischer Energie. Die Oberfläche jedes einzelnen winzigen schwebenden Wassertropfens kann diese Lichtstrahlen wie ein Prisma brechen. Das Ergebnis ist ein Regenbogen – eines der aufregendsten Naturschauspiele.

Die Farbtherapie geht von der Tatsache aus, dass jede Regenbogenfarbe eine eigene Lichtqualität hat, die auf ihrer jeweiligen Energiefrequenz schwingt.

FARBEIGENSCHAFTEN

ROT schwingt am langsamsten, daher ist es die dichteste und schwerste aller Farben. Es ist mit Instinkt und physischem Antrieb verbunden und die Farbe der Stärke, Vitalität, Sexualität und Leidenschaft. Es erhöht die Körpertemperatur und regt den Blutkreislauf an. Zu viel Rot kann aber auch zur Erschöpfung führen.

ORANGE ist die Farbe der Freude, der Bewegung und des Tanzes. Es wirkt stark antidepressiv und kann helfen, unterdrückte Gefühle und Hemmungen zu lösen. Es fördert Kreativität, Spannung, Lebensfreude und Humor. Zu viel Orange kann Verantwortungslosigkeit zur Folge haben.

GELB steht in enger Verbindung zum Sonnenlicht. Es wird mit Kontrolle, starkem Willen und ausgeprägter Individualität in Verbindung gebracht. Gelb regt Intellekt und logisches Denken an und unterstützt die Verdauung. Ein Zuviel kann zu mentaler Überaktivität, Egoismus, Distanziertheit und Streitsucht führen.

GRÜN hat eine ausgleichende, harmonisierende und beruhigende Wirkung. Es ist eng verbunden mit der Natur und fördert Vertrauen, Mitgefühl und Fürsorge. Auch wenn Grün Gefühle besänftigt, so kann ein Übermaß zu Unentschlossenheit und Lethargie führen.

TÜRKIS stärkt das Immunsystem. Es baut nicht nur physische Widerstandskraft auf, sondern wirkt stabilisierend auf unseren emotionalen Schutzschild. Es ist eine kühle, jugendliche und ausdrucksvolle Farbe, die bei Entzündungen und erregten Gemütszuständen helfen kann. Zu viel Türkis kann jedoch zu Isolation und Verwirrung führen.

BLAU besänftigt und beruhigt. Es ist friedvoll, wahrhaftig, tröstlich und die Farbe der Ehrlichkeit, Ergebenheit und Strebsamkeit. Blau mildert Stress, Spannungen und Schmerzen. Ein Zuviel hingegen kann isolieren, lähmen und demotivieren.

VIOLETT steht für Besinnung, Meditation, Würde und Respekt vor dem Leben und hebt das Selbstwertgefühl. Es fördert Einsicht, Intuition und Wahrnehmung und ist eine besänftigende und friedliche Farbe. Menschen, die dazu neigen, sich in eine Fantasiewelt zurückzuziehen, sollten Violett lieber meiden.

MAGENTA besitzt die höchste Schwingungsfrequenz. Diese zarte Farbe steht für Loslassen, geistige Weiterentwicklung und bedingungslose Liebe. Eine Überbetonung führt zu Fanatismus oder Arroganz.

FARBE UND LICHT

Es gibt viele Möglichkeiten, mehr Farbenergie in Ihr Heim zu bringen. Sie können zum Beispiel Ihre Fensterscheiben durch farbiges Glas ersetzen oder einfach eine zweite farbige Scheibe vor das Fenster hängen. Auch Glaskristalle können so platziert werden, dass sie strahlende, farbige Lichteffekte an die Wände werfen.

Die Quelle allen natürlichen Lichts ist die Sonne, die unseren Kosmos ständig mit Energie versorgt. Wir alle brauchen Licht zum Leben und reagieren entsprechend, wenn wir wenig oder gar keine Sonnenstrahlen bekommen. Wir leiden dann unter den so genannten jahreszeitlich bedingten Krankheiten wie Winterdepressionen, wie Millionen anderer Menschen auch. Nutzen Sie am besten jeden Sonnenstrahl aus und spüren Sie seine kräftigende Wirkung. Im natürlichen Tageslicht sind alle Regenbogenfarben enthalten, was es so wichtig für einen gesunden Lebensraum macht.

DIE KRAFT DER FARBEN

Farbtherapeuten wenden nicht nur die heilenden Schwingungen der verschiedenen Farbenergien an, sondern gehen auch sehr genau auf die Bedürfnisse ihrer Klienten ein. Die Heilkraft der Farben arbeitet mit der molekularen Zellstruktur des Körpers, womit man bei vielen Beschwerden schon erstaunliche Erfolge erzielen konnte. Eine praktizierte Behandlungsmethode ist, den Patienten mit verschiedenen Farben unterschiedlicher Intensität zu bestrahlen oder seinen Körper über geraume Zeit in farbige Seide zu hüllen.

Da farbiges Licht eine stärkere therapeutische Wirkung zeigt als die Behandlung mit eingefärbten Pigmenten, sollte man bei seiner Inneneinrichtung damit zurückhaltend umgehen. Grünes Licht beispielsweise gilt in den eigenen vier Wänden als ungesunde Farbe, da es zu statisch ist. Rotes Licht hingegen signalisiert Gefahr. Es versetzt uns in Alarmbereitschaft und lässt den Blutdruck steigen. Weiches orangefarbenes Licht jedoch verbreitet Freude und schmeichelt dem Körper. Gelb kann, wenn es maßvoll eingesetzt wird, Auftrieb geben. Denken Sie vor allem immer daran, dass viele künstliche Lichtquellen bereits einen Gelbstich haben. Besonders beruhigend und besänftigend wirkt blaues Licht, ebenso wie violettes Licht, das für eine gelassene und friedvolle Stimmung sorgt.

Auch goldene und silberne Farben können mit ihrer natürlichen Reflexionskraft in jedem Zimmer für außergewöhnliche Beleuchtung sorgen. Mit Silber verbindet man Veränderung, Bewegung und Wissen, mit Gold hohe Ideale, Weisheit und Überfluss. Das bedeutet praktisch, dass Sie mit Blattgold und Blattsilber oder mit metallischen Anstrichen, Stoffen und Bordüren diese Schwingungen in Ihren Räumen erzeugen können.

Ihr Zuhause können Sie aber auch mit Farben beleben, indem Sie Licht durch transparente Materialien filtern. Das können beispielsweise Kronleuchter aus Glas oder Kristall sein, die ein Wechselspiel bunter Lichter erzeugen. Ebenso können Sie Trennwände aus farbigen Glasbausteinen errichten oder, noch einfacher, Niedrigvoltbirnen mit einer geeigneten Farbe bemalen.

LICHTSPIEL
In einem Lichtspiel werden Sonnenstrahlen von Glas oder Metall reflektiert, so dass eine helle Lichtquelle kurz aufblitzt. Bringen Sie reflektierende Gegenstände überall dort im Zimmer an, wo Sie einfallendes Licht auffangen, verstärken oder vervielfältigen wollen.

FARBE

UND STIMMUNG

ENERGIE

Rot ist die Farbe der Urenergie. Sie symbolisiert Leidenschaft, Stärke, Motivation und physische Antriebskraft. Sie ist mitreißend und versorgt uns mit Energie, die wir zum Leben brauchen. Rot ist die Farbe des Wurzel-Chakras und steht mit unserem Instinkt, Überlebenswillen und Sicherheitsbedürfnis in Verbindung. Es steigert den Blutdruck und beschleunigt den Herzschlag, erhöht die Körpertemperatur und wirkt allgemein anregend.

LEBHAFTES ROT

Rot ist die dramatischste Farbe des Spektrums. Sie ist dicht und kraftvoll. Hier besticht die Kombination mit kräftigen Pinktönen und Magenta, die beide einen völlig anderen Charakter haben. Gemeinsam sorgen sie für eine lebendige und lebensfrohe Atmosphäre.

Von allen Farbschwingungen, die gemeinsam weißes Licht erzeugen, ist Rot die langsamste. Darum kann ein Übermaß schwer und erdrückend wirken und einen Raum kleiner erscheinen lassen. In dem hier abgebildeten Zimmer stellen die weißen Wände, die Decke und der Fußboden als Ausgleich ein Gefühl von Licht und Großzügigkeit her.

Dieses Zimmer beschleunigt den Puls und vertreibt jedes Gefühl von Trägheit, denn die Farben machen lebhaft. Hier herrscht eine glückliche, wenn auch etwas unruhige Atmosphäre, die für jene Menschen vorteilhaft ist, die sich ab und an energielos, lethargisch oder depressiv fühlen. Trotzdem ist es wichtig, für Ausgleich zu sorgen, denn die unterschiedlichen Botschaften von Magenta und Rot könnten ohne Komplementärfarbe Unruhe verbreiten. Schauen Sie sich an, wie das Grün des Kissens und der Pflanzen Gleichgewicht herstellt. Magenta hat im Vergleich zu Rot eine völlig gegensätzliche Wirkung. Es ist eine Farbe, die sich mehr mental als physisch auswirkt. Es ist die Farbe des Kronen-Chakras, während Rot die des Wurzel-Chakras ist.

Links Der weiße Boden ist der perfekte Untergrund für eine Kombination von Rot- und Pinktönen, da die Klarheit und Freundlichkeit der Farben hier gut zum Ausdruck kommen.

Mitte Die goldenen Fäden im Kissen bereichern die Farbgestaltung des Zimmers. Das stärker reflektierende Gold hebt sich vom kräftigen, strahlenden Untergrund aus Magenta und Orange gut ab.

Rechts Wenn eine große Wandfläche wie hier in lebhaftem Rot gestrichen ist, wird sie zum optischen Mittelpunkt, um den man viele verschiedene Rot- und Pinktöne arrangieren kann. Wären alle Wände rot, könnte dies jedoch erdrückend wirken.

WEINROT

Wenn Sie dieses herrlich sanfte und kräftige Rot zurückhaltend einsetzen und mit Weiß und Beige kombinieren, sorgt es in Ihrer häuslichen Umgebung für Stärke, Dynamik, Zuversicht und wirkt nicht erdrückend.

Lassen Sie sich von Rot nicht zu sehr mitreißen, denn es kann zu nervösen Spannungen, Aggressionen, Wutanfällen und zu Hyperaktivität führen. Setzen Sie es mit Bedacht ein, damit es seine Leben spendende Energie entfalten kann. Schon kleine Anteile dieser Farbe können eine Aufsehen erregende Wirkung erzielen. Menschen, die viel Rot tragen, neigen dazu, vor Energie überzuschäumen oder sich ausgelaugt zu fühlen.

Rot gibt Kraft. In einem roten Versammlungsraum können Redner zu feurigen und mitreißenden Reden beflügelt werden. Diese Farbe wird oft in Bars eingesetzt, um eine gemütliche, lebendige Atmosphäre zu schaffen, in der Menschen gerne miteinander sprechen. In Restaurants und Esszimmern ist es jedoch wichtig, genau auf den Rotton zu achten, denn es sollen schließlich nur Unterhaltungen angeregt und keine Streitgespräche entzündet werden. Orange kann für diese Räume manchmal die geeignetere Farbe sein, da es für eine leichtere Atmosphäre sorgt. Gelb und Rot werden häufig bei der Gestaltung von Fastfood-Restaurants verwendet, da sie die Lieblingsfarbe vieler Kinder und Jugendlicher ist.

Links Dieses intensive Weinrot schafft eine gemütliche, einladende Atmosphäre. Die hellen Farben des Bodens und der Möbel beruhigen das Rot der Wände.

Mitte Die roten Flächen der Küche und des Sofas aktivieren Körper und Geist. Die Wände geben diesen lebendigen Farben zugleich Halt und Leuchtkraft.

Rechts In diesem Raum wird die rote Wand zum Blickfang. Die meisten Menschen sitzen jedoch nicht gern mit dem Rücken zu einer so starken Farbenergie, sondern nehmen lieber ihr gegenüber Platz.

FEURIGE WÜRZE

Feurige Rottöne wirken so intensiv, dass man auch mit kleinen Mengen große Effekte erzielen kann. Es kann durchaus bläuliche oder orangefarbene Nuancen enthalten, und miteinander kombiniert, erzielt man eine exotische Farbtiefe.

Rot ist eine Primärfarbe, die entweder ins Orange oder ins Violett changiert. Sie ist die wärmste aller Farben. Versuche haben gezeigt, dass rote Wände die Wahrnehmung der Raumtemperatur positiv beeinflussen. Indem man sich mit feurigen Rottönen umgibt, kann man sich tatsächlich vor Kälte schützen. So wie kalte Farben beruhigen und meditative Entspannung bewirken, fördern warme Farben Aktivität. Rot kann den Puls so sehr beschleunigen, dass Menschen mit Herzproblemen es vorsorglich nicht in ihre Wohnraumgestaltung einbeziehen sollten.

Rot regt die Wachsamkeit an – Warnlampen, Feuerlöscher oder Ähnliches sind rot, weil sie sofort die Aufmerksamkeit auf sich ziehen. Zu viel Rot kann jedoch ablenken und ermüden. Der Ausdruck „Rot sehen" spielt auf die Kraft dieser Farbe an. Diese Farbe wird mit unserem natürlichen Überlebenstrieb in Verbindung gebracht. Sie vermittelt uns darüber hinaus ein starkes Sicherheitsgefühl.

Rot lässt Räume kleiner und intimer wirken. Bereiche, die in diesen feurigen Farbtönen gestaltet sind, verkörpern einen gemütlichen und einladenden Zufluchtsort.

Links Diese schweren Samtstoffe erhöhen die Intensität des sinnlichen Karminrots. Das Silber verleiht ihm einen Hauch von Luxus, das durch das Leopardenmuster in seiner Ausstrahlungskraft verstärkt wird.

Rechts Diese feurigen Rottöne wirken einladend und eignen sich besonders für Eingangs- und Empfangsbereiche. Sie sollten jedoch mit kühleren Farben kombiniert werden.

EXOTISCHE HITZE

Mit orientalischen Stoffen in lebendigen und glühenden Farben kann man ein wahrhaft exotisches Fest zaubern. Die eingewobenen goldenen und silbernen Fäden unterstreichen ihre elegante Ausstrahlung und verleihen dem Raum einen betörenden Luxus.

Auf dem Bild gegenüber filtern Vorhänge aus hauchdünnem indischen Sari das Tageslicht und tauchen das Zimmer in sanfte Rot- und Orangetöne. In mehreren Lagen aufgehängt, erzeugt es im ganzen Zimmer ein intimes rotes Licht. Die Reinheit der Farben in diesen Seidenstoffen sorgt für eine klare und belebende Lichtqualität, die von Therapeuten sehr geschätzt wird.

Links Einige durchsichtige Stoffe übereinander gelegt erzeugen eine Atmosphäre von luxuriöser Dekadenz. Leuchtende goldene und silberne Kissen geben fast allen Farben eine besondere, erhebende Note. Ein einziges Kissen kann schon ausreichen.

Rechts Wenn Sie verschiedene Stoffe und Muster kombinieren, können Sie wie hier eine lebendige und lebensfrohe Stimmung erzeugen.

Sari-Stoffe haben noch weitere Eigenschaften, die die Qualität des Lichts beeinflussen. Schauen Sie sich an, wie die winzigen Ziermünzen im Stoff das Licht einfangen und im Zimmer funkelnde Energie versprühen. Auch Glasperlen können das Sonnenlicht einfangen und es wie kleine Prismen brechen, bevor sie es im Raum verteilen. Die goldenen und silbernen Fäden und Bordüren verstärken den Zauber und den prickelnden Effekt dieser exotischen Farben.

Gold gilt als männliche Farbe und steht für Überfluss, Weisheit und Idealismus. Silber als weibliche Farbe symbolisiert Bewegung, Veränderung und Wissen. Gold lässt sich aufgrund seiner warmen Ausstrahlung besser mit Farben wie Rot und Orange kombinieren, während Silber in der Regel besser zu kühleren Farben wie Blau und Violett passt.

Die Rot-, Orange- und Gelbtöne in diesem Zimmer harmonieren sehr schön, da sie auf dem Farbenkreis nebeneinander liegen. Bei der Raumgestaltung können Akzente in den Komplementärfarben für noch mehr Harmonie und Ausgeglichenheit sorgen. Bei Rot sollten Sie sich für Akzente in Türkis, bei einer Grundgestaltung Ihrer Räume in Orange für einen Ausgleich durch Blau entscheiden. Wenn Sie sich bei der Auswahl nicht sicher sind, schauen Sie bei Tageslicht einige Sekunden lang auf die Farbe und anschließend sofort auf eine weiße Wand. Sie werden dort die richtige Komplementärfarbe entdecken. Dies ist eine gute Entscheidungshilfe bei der Auswahl von Farbkombinationen.

LEBENDIGE ERDE

Die kräftigen, roten Erdfarben in diesem Badezimmer erinnern an Naturfarben, die noch ohne chemische Verfahren und Zusätze hergestellt wurden. Sie wirken auf den Betrachter warm, stark und erdend.

Obwohl Farben in jedem Kulturkreis unterschiedlich interpretiert werden, steht Rot überwiegend als Symbol für Lebenskraft. In Verbindung mit Gold ist Rot ein Zeichen für die eindrucksvolle Herrlichkeit und den Reichtum des Lebens.

Kräftige Rottöne können zwar ermüden, aber in kleineren Räumen, in denen man sich nur kurze Zeit aufhält, sehr wirkungsvoll sein. Gerade wenn nur wenig Tageslicht in das Zimmer fällt, wirkt Rot belebend. In Dielen, in denen nur Mäntel aufgehängt werden, kann Rot eine sehr zweckmäßige Farbe sein. Bereits eine flüchtige Begegnung kann neue Energien verleihen. Auch die Innenseiten eines Schrankes, beispielsweise in der Küche, können rot gestrichen werden, um jedes Mal, wenn man die Tür öffnet, einen kurzen Energieschub zu bekommen. In Bürogebäuden kann Rot in den Fluren dafür sorgen, dass die Menschen schnell weitergehen, ohne dort für Gespräche zu verweilen. Man sollte jedoch kein Rot in Räumen verwenden, in denen man arbeitet, lernt, schläft oder entspannen will. In Kinderzimmern verstrahlt Rot, kombiniert mit anderen Farben, eine anregende Atmosphäre.

Rechts In kleinen Räumen wie in diesem Badezimmer hält man sich normalerweise nicht lange auf. Rot kann hier als idealer Energiespender eingesetzt werden.

Links Diese chinesischen Laternen mit ihren goldenen Mustern verdeutlichen die Lebendigkeit und Kraft der roten Farbe. Bunte Laternen sind eine schöne, einfache und preiswerte Lösung, um farbiges Licht im Zimmer zu erzeugen.

AUFTRIEB

Orange und Gelb regen an und beleben. Da Orange die Farbe des Sakral-Chakras ist, steht es in enger Verbindung mit Freude, Begeisterung, Bewegung und Kreativität. Das Gelb des Solarplexus-Chakras ist mit dem Ich, dem Willen und dem Intellekt verbunden. Orange und Gelb strahlen zwar völlig verschiedene Energien aus, sind aber beide warm und optimistisch und können unsere Stimmung heben.

GLÜHENDES ORANGE

Kräftiges Orange glüht wie Feuer – es wärmt, verzaubert und nimmt uns gefangen. Orange versetzt uns in die freudige Erregung seiner herrlich pulsierenden Energie voller Bewegung, Tanz und Festlichkeit.

Orange ist eine Mischung aus Rot und Gelb. Durch die hellere, nachdenkliche und intellektuelle Natur der gelben Farbe wird die Hitze und Antriebskraft von Rot gemildert.

Orange ist eine festliche Farbe, die mit Kreativität, Spannung, Spaß und Humor verbunden ist. Im eigenen Heim schafft sie eine Atmosphäre von Unternehmungslust und Aktivität. Orange liefert die nötige Energie, um erfolgreich, kreativ, ausdrucksstark und neugierig zu sein. Diese aufregende, offenherzige Farbe kann Trübsal vertreiben.

Da die Farbe Orange dem Sakral-Chakra zugeordnet wird und zuständig für unser Verdauungssystem ist, eignet sie sich ideal für Küchen und Esszimmer. Sie regt den Appetit an und hilft deswegen gerade Menschen, die zu wenig Nahrung zu sich nehmen, wieder mehr zu essen.

In diesen beiden Räumen wird ein strahlendes Orange von sanften Grautönen eingerahmt. Die Neutralität der grauen Farbe unterstreicht die Dynamik des orangefarbenen Leuchtens.

Links Da das lebhafte Orange als dominierende Farbe zu mächtig sein kann, sollte man es nur begrenzt einsetzen. So erreichen Sie eine leuchtende, feurige Wirkung, ohne davon erdrückt zu werden.

Rechts Die leuchtende Farbe bewirkt, dass man sich in dieser Küche gerne trifft, um zu essen und zu diskutieren. Kühler Stahl und graue Arbeitsflächen gleichen die farbliche Intensität der Schranktüren aus.

GEBRANNTES ORANGE

Wie die meisten Herbsttöne enthält auch diese kräftige und intensive Farbe Spuren von Rotbraun. Da helles Orange allzu mächtig wirken kann, ist es empfehlenswert, eine abgetönte Version im Haus zu verwenden.

Um Orange nicht zu dominant werden zu lassen, sollte man nur einzelne Akzente in dieser Farbe setzen. Der Holzwandschirm im rechts abgebildeten Raum ist hierfür ein gutes Beispiel. Sie können aber auch genauso gut einen Papierschirm mit unterschiedlicher Farbintensität und Transparenz anfertigen. In einen Holzrahmen gefasst, brauchen Sie ihn nur noch so zu platzieren, dass er das einfallende Sonnenlicht auffängt und filtert. Die bläulichen Flächen dieses Schirms bilden das entscheidende Gegengewicht zu den Orangetönen. Blau ist die Komplementärfarbe von Orange und hat demzufolge die gegenteiligen Eigenschaften. Auf diese Weise entsteht eine harmonische und ausgeglichene Atmosphäre.

Orange ist eine extrovertierte, überschwängliche Farbe der Bewegung und Kreativität, während Blau Ruhe symbolisiert. Blau und Orange sind beides kreative Farben, wobei Orange mehr auf der physischen Ebene wirkt, während Blau die Farbe der Kunst und Fantasie ist. Sie ergänzen sich gegenseitig und unterstützen sich in ihrer Wirkung. Eine Verwendung im gleichen Mengenverhältnis kann schwierig werden. Auf den schmalen Flächen dieses Wandschirms gleichen sie sich aus. Auch mit weniger aufwändigen Mitteln lassen sich schöne Effekte erzielen: Sie können das Papier direkt am Fenster anbringen und die Farbe je nach Stimmung wechseln.

Rechts Dieser farbige Lampenschirm sorgt für ein klares, orangefarbenes Licht, das den Raum in einen einladenden Glanz taucht. Im Zusammenspiel mit den zarten Pfirsichtönen des Wandschirms erhält der Raum die strahlende Energie der orangen Farbe.

Links Das gebrannte Orange der Vase, der Blumen und der Tasse mit dem Unterteller sorgt in dieser Kombination für eine wirklich strahlende Energie. Sie können mit kleinen Farbtupfern auf Vasen, Schachteln und Bilderrahmen die Wirkung von Farben testen. Oft reichen schon kleinste Mengen aus, um eine positive Wirkung zu erzielen.

LEBHAFTES ORANGE

Orange ist die Farbe der Begeisterung, des Genusses, des Vergnügens und der Lebensfreude. Sie wird oft als die geselligste aller Farben empfunden, weil sie die Menschen aktiviert und zum Reden, Tanzen oder Scherzen bringt.

Links oben Orange und Rot sind die stimulierendsten und aktivsten Farben. Wenn sie wie hier bei Tisch und Stühlen kombiniert werden, ist das Ergebnis lebendig und aufregend – die ideale Umgebung für lebhafte und unterhaltsame Zusammenkünfte.

Links unten Das hellblaue Fensterbrett im Hintergrund ist ein kühler Gegenpol zu den warmen und lebendigen Farben in diesem Essbereich.

Rechts Da Blau die Komplementärfarbe von Orange ist, bildet das Schmetterlingsbild einen Ausgleich der Orangetöne in diesem Zimmer. Das Grau des Tischbeines, des Mülleimers und der Stuhlbeine helfen, die sonst lebhafte Farbgestaltung zu beruhigen.

Wie die anderen warmen Farben auch, scheint Orange Räume optisch zu verkleinern und sie gemütlich und behaglich zu machen. Damit eignet es sich für alle Zimmer in Ihrem zu Hause mit Ausnahme von Schlaf- oder Arbeitszimmer. In diesen beiden Rückzugsbereichen können die Energien von Orange zu intensiv sein.

Orange ist ungeeignet, wenn Sie gestresst sind, oder sich leicht aufregen. Auch wenn Sie oder andere Familienmitglieder von Natur aus extrovertiert und leicht aufbrausend sind, sollten Sie eher beruhigende Farben in Betracht ziehen. Denn zu viel Orange kann launisches und leichtfertiges Verhalten noch fördern.

SOMMERSONNE

Das sanfte, strahlende Gelb der glühenden Sommersonne ist eine optimistische Farbe, die Weite vermittelt. Sie hat ein helles und reines Wesen. Wie das Sonnenlicht selbst, kann der erste Blick auf zauberhafte Gelbtöne morgens sehr freudig stimmen.

Trotz ihrer aufheiternden Eigenschaften, sollte man zu Hause Gelbtöne mit Bedacht einsetzen, da sie in ihrer Aussagekraft sehr vielschichtig sind. Gelb ist eine primäre Pigmentfarbe und liegt auf dem Farbenkreis zwischen Orange und Grün. Es ist die Farbe des dritten Chakras, das im Solarplexus liegt und bei jedem Menschen großen Einfluss auf Emotion, Selbstbeherrschung und Willen ausübt. Andererseits ist Gelb eng mit den mentalen Energien und Aktivitäten verbunden – also der linken Gehirnhälfte. Es wird mit dem Intellekt verbunden und sorgt für eine rationale, kritische und kontrollierte Lebensführung. Zu viel Gelb kann Egoismus stärken. Wenn es jedoch an passenden Stellen mit kühleren, zurückhaltenderen Farben kombiniert wird, können Gelbtöne unterstützend wirken. Wie die Sommersonne sind diese Farben offenherzig, warm und wohl tuend.

Links Das Zusammenspiel von Orange und Gelb sorgt für eine lebhafte und sehr anregende Umgebung, die jedoch den Ausgleich durch kühlere und zurückhaltendere Farben braucht. So wirkt die grüne Glasfläche in diesem Raum als Korrektiv.

Rechts Das dunkle Blau des Kühlschranks trägt wesentlich zur farblichen Ausgewogenheit dieser Küche bei und gibt dem ausschweifenden Charakter der gelben Farbe Halt. Die Trennwand aus Glasbausteinen ist eine einfache, aber wirkungsvolle Lösung, um möglichst viel Licht in diesen kleinen, abgeteilten Raum zu bringen.

SONNENSCHEIN

Goldenes Gelb ist die Farbe des Sonnenlichts. Diese strahlenden Farbtöne bringen Helligkeit in Ihr Zuhause und sorgen für einen herrlich leuchtenden, warmen Glanz. Dennoch sollten diese beflügelnden Farben mit starken kalten Farben gezähmt werden.

Gelb ist bei analytischen oder intellektuellen Menschen oft sehr beliebt, weil es ihre mentalen Qualitäten stimuliert. Es ist jedoch nicht immer die ideale Farbe für Gemeinschaftsräume, weil das Ego zu viel Unterstützung erfährt und so leicht hitzige Streitgespräche auslöst.

Auch für Schlafzimmer ist es nicht zu empfehlen, weil die anregende Wirkung am Einschlafen hindern kann. Und sollten Sie Gelb als Farbe für Ihr Wohnzimmer gewählt haben, kann es passieren, dass Sie sich dort lieber in ein Buch als in ein Gespräch vertiefen.

Für ein Arbeits- oder Spielzimmer kann Gelb jedoch die ideale Wahl sein. Es steigert Ihre mentalen Aktivitäten und schärft Ihre Aufmerksamkeit – also der ideale Ort für Arbeitsbesprechungen.

Links Das kräftige Blau der Vase bildet hier einen perfekten Ausgleich zu den gelben und orangen Tönen. Arrangieren Sie farbiges Glas immer so, dass Licht durchscheinen kann.

Mitte Dieser etwas langweilige Flur ohne Tageslicht erhält durch die gelbe Tür einen freundlichen Anstrich. Gelb eignet sich besonders dann, wenn die Tür in ein Büro oder Arbeitszimmer führt.

Rechts Die schiefergraue Tischplatte und die vom Wasser geglätteten Steine lassen dieses Zimmer bodenständig wirken. Die luftigen weißen Wände und die gelben Stoffe werden hierdurch in ihrer Wirkung unterstützt.

SONNENBLUME

In der Mittagssonne leuchtende Sonnenblumen bieten ein lebensfrohes, kräftiges und reines Farbenspiel. Auch wenn man dieses herrliche Gelb mit Umsicht in den eigenen vier Wänden einsetzt, wird es nicht zu übersehen sein und seine Wirkung nicht verfehlen.

Gelb rüttelt wach. In dieser Küche und in diesem Badezimmer werden selbst Morgenmuffel munter. Da die Küche in einer anregenden Farbe gestrichen ist, wird sie schnell zum Lieblingsplatz der Kinder, um dort ihre Hausaufgaben zu erledigen und zu lernen.

Violett ist die Komplementärfarbe zu Gelb. Gelb ist die Farbe des Intellekts, Violett dagegen ist mehr mit der Intuition verbunden. Gemeinsam sorgen sie für Harmonie. Die grauen Flächen aus Stahl haben in der Küche und im Badezimmer die Aufgabe, das Gelb zu dämpfen. Beachten Sie besonders, wie gerade der Blauton über dem Herd für den entscheidenden Ausgleich sorgt.

Beide Räume lassen Menschen, die morgens schwer in Schwung kommen, schneller aktiv werden.

Links Die glatte Oberfläche dieses schönen Satinstoffes bringt das Sonnenblumengelb zum Leuchten. Die Bordüren reflektieren das Sonnenlicht.

Mitte Unter dem Einfluss dieses starken Gelbs wächst die Lust, ein Buch oder die Zeitung zu lesen. Wenn es so kräftig ist wie in diesem Badezimmer, bringt es Ihre Gedanken auf Trab.

Rechts Haben Sie Beziehungsprobleme, sollten Sie das mächtige Gelb wie in dieser Küche nicht verwenden. Diese Farbenergie kann Egoismus, Rechthaberei und Streitgespräche fördern.

evian
evian
evian

FRUCHTIGES PASTELL

Fruchtige Orange- und Gelbtöne besitzen eine süße, sinnliche Note. Das cremige Gelb dieser Küche beispielsweise wirkt weich, sanft und aufmunternd. Es hat eine schwächere Wirkung als Hellgelb.

Legt man über dunkle und schwere Farben einen sanften Pastellton oder eine klare und kräftige Farbe, verändert sich die Wirkung sofort. Auf Grund der großen Auswahl an Grundierfarben ist eine Veränderung von Räumen schnell zu erreichen. Die Zimmer können durch einen Neuanstrich wieder lebendig werden. Oftmals genügt es jedoch schon, kleinere Details auszutauschen. Bereits neue Türgriffe können den Stil völlig verändern.

Im Gegensatz zu einer vollständig neuen Kücheneinrichtung ist ein neuer Anstrich einfach und wesentlich preiswerter. Selbst Fußböden können Sie problemlos mit allen möglichen Spezialfarben und Lacken streichen. Bei den meisten Oberflächen – sogar bei Kacheln und Fensterbrettern – stellt dies heute kein Problem mehr dar.

Wenn Sie Geschirr, Dosen und die restliche Küchenausstattung mit einbeziehen, ist dieser Raum wahrscheinlich der farbenfroheste im ganzen Haus. Mit etwas Geschick können Sie auch in den übrigen Räumen für den passenden Rahmen und Harmonie sorgen. Es kann schon genügen, nur wenige Gegenstände oder einzelne Teile des Mobiliars, beispielsweise eine Schublade, anzustreichen. Wenn Sie eine Vorliebe für Orange haben, kann das bedeuten, dass Sie diese kreative Energie brauchen, um leichter und fröhlicher zu leben.

Links Wenn Sie möchten, dass Ihre Möbel einen sanften, glasigen Farbauftrag erhalten, sollten Sie die Farbe aufsprühen.

Rechts Das bezaubernde, sanfte Blau dieses Küchentisches schafft einen kühlen Ausgleich für die Gelbtöne. Die grauen Türen des Speiseschranks geben diesen sehr hellen und luftigen Farben Struktur und Halt.

HARMONIE

Grün ist die Farbe des Gleichgewichts und der Harmonie. Es liegt in der Mitte des Farbspektrums und ist eine neutrale Farbe. Sie ist die Farbe des Herz-Chakras und übt eine heilende Wirkung auf alle Bereiche aus, die mit dem Herzen in Verbindung stehen. Es ist die Farbe der Natur, sie ist stabil und zuverlässig. Da es auch die Farbe der Freundlichkeit, des Mitgefühls, der Fürsorge und des Teilens ist, wirkt sie tröstend und lindert Stress.

LIMONENGRÜN

Grün ist eine Sekundärfarbe, die aus einer Mischung blauer und gelber Pigmente besteht. Da die Gelbanteile höher sind als die Blauanteile, wirkt sie aktiver und lebendiger. Limonengrün ist frisch wie der Frühling, die Zeit der Fruchtbarkeit und des Wachstums.

Grün entsteht durch eine Mischung aus kalten und warmen Farben und kann je nach Mischungsverhältnis sehr unterschiedlich wirken. Die Grüntöne der Limone erscheinen z. B. etwas aktiver als das anderer Grüntöne. Eine zu intensive Gelbnuance im Limonengrün kann jedoch herausfordernd und unruhig wirken und bei vielen Menschen sogar Übelkeit verursachen.

Das Symbol für Grün ist ein Kreis – ausgeglichen, harmonisch und vollkommen. Der runde Tisch im Frühstücksraum im Bild gegenüber verstärkt die Wirkung der grünen Wände und wird so zu einem geeigneten Ort für Besprechungen. Grün ist die ideale Farbe für Räume, in denen schwierige Entscheidungen getroffen werden müssen. Streitgespräche und Konflikte können durch ihre ausgleichende Wirkung abgewendet werden.

Die enge Verbindung der grünen Farbpalette mit Vegetation und Landschaft erinnert uns an die Heilkräfte der Natur. Es wirkt beruhigend und verbindet uns mit der Natur. Ist das Leben schwierig und belastend, wirkt das Grün des Grases, der Pflanzen und Bäume entspannend.

Links Ein farbenfroher Raumteiler aus Glasperlen gibt dieser grünen Küche funkelndes Licht und Lebendigkeit. Diese Farbe lässt sich gut mit einer Reihe von anderen lebhaften Farben kombinieren.

Mitte Da jeder anders auf Farben reagiert, werden einige das Limonengrün dieser Küche als beruhigend, andere es als zu unruhig empfinden.

Rechts Das Limonengrün dieser Stühle passt gut zum Smaragdgrün der Wände. Zusammen mit den großen, weißen Flächen, bunten Blumen und dem vielen Tageslicht sorgt es für eine freundliche und lebendige Atmosphäre.

SMARAGDFLAIR

Dieses kräftige Smaragdgrün ist das reine Grün des Regenbogens. Da es sehr intensiv wirkt, besitzt es viel Farbenergie und sollte deshalb nach Möglichkeit von Weiß unterbrochen und aufgehellt werden.

Für eine ausgewogene Farbzusammenstellung ist es wichtig, die Komplementärfarben mit einzubeziehen. Die Natur bietet uns hier die wunderbarsten Anregungen für perfekte Farbkombinationen – rote und magentafarbene Blüten, Beeren und Früchte vor dem Hintergrund grüner Blätter.

Grün ist die Farbe des vierten Chakras, das sich beim Herzen befindet. Auf physischer Ebene ist es mit allen Organen des Herzbereichs, der Lunge, dem Brustraum und dem Kreislaufsystem verbunden. Es kann bei Asthma oder Bronchialleiden helfen und unterstützt den Blutkreislauf positiv. Es ist deshalb nicht verwunderlich, dass Ärzte und Krankenschwestern bei Operationen grüne Kittel tragen. Auch in Herzensangelegenheiten kann Grün helfen. Es kann uns unsere Angst vor dem Loslassen nehmen und unsere Bereitschaft zu geben fördern. Das hat nichts mit romantischer Liebe zu tun, sondern vielmehr damit, dass uns Grün lehrt, Menschen anzunehmen, wie sie sind, und nicht nach unseren Vorstellungen verändern zu wollen. Grün wirkt besänftigend und verzeihend und kann bei Liebeskummer helfen.

Links Der seidige Glanz auf den Türen der Küchenschränke verstärkt die Wirkung von kräftigen Farben. Glanzlacke reflektieren mehr Licht und verleihen so den Farben mehr Tiefe.

Mitte In diesem zauberhaften Kontrast von Grün und Magenta stärken sich die Farben gegenseitig. Auf diese Weise strahlen die Blumen noch mehr, und die grünen Wände wirken noch intensiver.

Rechts Die roten Kirschen bilden einen herrlich lebhaften Kontrast zu den grünen Wänden. Selbst der kleinste rote Farbakzent vor diesem Grün fesselt das Augen sofort.

MINTGRÜN

Da Mintgrün mehr blaue als gelbe Pigmente enthält, erinnert sein Anblick ein wenig an Wasser. Es scheint der Farbe Türkis ähnlicher zu sein als der Farbe Blau und sorgt dadurch für eine beruhigende und zugleich erfrischende Atmosphäre.

Ähnlich wie es uns die Natur in unzähligen Beispielen immer wieder perfekt vormacht, sollte Mintgrün in unterschiedlichen Variationen und in niedriger Dosierung verwendet werden. Bereits eine kleine Anzahl dieser Farbeffekte gibt dem Anstrich einer Wand Lebendigkeit und Licht. Ein weißer Grundanstrich kann einem grünen Auftrag mehr Vitalität verleihen. Kräftiges Grün sollte nie für große Flächen verwendet werden, da es stagnierend wirken und Gleichgültigkeit und Trägheit auslösen kann. Ein Zuviel an Grün, wie ein Zuviel von jeder anderen Farbe auch, kann zu Unausgeglichenheit führen. Oft wird diese Farbe auch mit dem Gefühl des Neides assoziiert, im Gegensatz jedoch aber ebenso mit positiven Eigenschaften wie Hoffnung – „Grün ist die Hoffnung" ist in diesem Zusammenhang ein weit verbreitetes Sprichwort.

In diesen Räumen sorgen Grüntöne für eine entspannende Atmosphäre. Da sie heilende Wirkung besitzen, werden sie als eine sehr angenehme Farbe betrachtet. Diese beruhigende Wirkung macht man sich sehr häufig in Krankenhäusern zunutze. Schauspieler im Theater halten sich gern im „grünen Zimmer" auf, bevor sie auf die Bühne gehen. Grün eignet sich ausgezeichnet für Besprechungsräume, in denen Entscheidungen getroffen werden. Es wäre eine ideale Farbe für Gerichtssäle, da sie für eine harmonische Atmosphäre sorgen. In Räumen, in denen es um Aktivität geht, sollte man sie meiden.

Links Wegen der hohen Blauanteile in diesem Grün wirken die Schranktüren so klar, lebendig und erfrischend wie Türkis. Das Ergebnis ist eine lebensfrohe, sich ausdehnende Farbe, die vor Energie zu glühen scheint.

Rechts Das lebendige, verwaschene Rosa der Tür und der Heizungsabdeckung sorgt als Komplementärfarbe vor den mintgrünen Wänden für eine schöne Kombination. Das kühle, sanfte Grün der Wände dämpft die Wirkung der bunten Bettdecke.

LINDGRÜN

Wegen ihrer engen Verbindung zur Natur können alle Grüntöne, insbesondere Lindgrün, eine sehr beruhigende Wirkung ausstrahlen. Das gilt besonders für Menschen, die in der Stadt wohnen und sich wenig in der Natur aufhalten.

Harmonie wird in einem Raum nicht nur durch Farben erreicht, sondern auch durch Linien, Formen und Muster. Die sanfte Rundung des Sofas beispielsweise nimmt die gebogene Linie der Raumteilung im Wohnzimmer gegenüber wieder auf und harmoniert so mit den geraden und winkeligen Linienführungen der Wände. Die runde Form der Uhr und die kreisförmigen Linien auf dem Bild über dem Kamin unterstützen die ausgleichende Wirkung.

Viele moderne Gebäude haben geometrische Räume, die durch ein Mobiliar mit weicher Linienführung ausgeglichen werden können. Auch große Pflanzen, wie unten gezeigt, wirken harmonisierend. Bei der Gestaltung und Einrichtung wurde darauf geachtet, in erster Linie natürliche Materialien und Motive aufzunehmen. Grün ist eine geeignete Farbe für die Fensternähe, die den Blick auf Wiesen, Bäume oder andere Pflanzen freigibt und die Natur in ihre Wohnung einlädt.

Links Diese großräumige und ungewöhnliche Aufteilung des Wohnbereichs bietet aufregende Möglichkeiten für kreative Farbeffekte. Die Platzierung dieser sanften Farbflächen fesselt das Auge und ist ein perfekter Ausgleich für die übrigen Farben.

Rechts Dieser sanfte Grünton strahlt Ruhe und Frieden aus und lädt dazu ein, es sich gemütlich zu machen, zu entspannen und ein Buch zu lesen.

NATURGRÜN

Jeder Raum, jede Farbzusammenstellung profitiert vom Grün der Pflanzenwelt. Es gibt in der Natur eine große Auswahl an verschiedensten Grüntönen, eine wahre Fundgrube an passenden, harmonisierenden Farbakzenten.

Diese Kombination von Apfelgrün und Violett ist eine lebhafte Farbzusammenstellung. Die Spiegeltüren sorgen für größere Helligkeit im Raum. Besonders bei Wandvorsprüngen ist das eine wirkungsvolle Methode, um den Raum größer erscheinen zu lassen.

Grün erzeugt Ruhe und Gelassenheit. Idealerweise sollten natürlich alle Accessoires harmonisch miteinander kombiniert werden und die Farbauswahl die kalte und die warme Seite des Farbkreises mit einbeziehen. Drei Hauptfarben, in unterschiedlichen Proportionen eingesetzt, können die Grundlage für eine harmonische Zusammenstellung bilden. Obwohl es einige Grüntöne gibt, die zu jeder anderen Farbe passen, sollten Sie nur kleine Akzente setzen, da zu viel Grün etwas statisch wirken kann. So wie Pflanzen und Blumen ein schöner Blickfang sind, können auch grüne Farbtupfer jedes Zimmer bereichern. Mit einem grün angestrichenen Möbelstück, wie diesem Garderobenschrank, lässt sich die Farbe leicht und angenehm in die Gesamtgestaltung aufnehmen, ohne dabei aufdringlich zu wirken.

Auch wenn Farben für einen harmonischen Lebensraum wichtig sind, sollten Sie Formgebung, Material und Licht nicht außer Acht lassen. Paarweise angeordnete Objekte können beispielsweise in einem Raum für beruhigende Symmetrie sorgen. Gerade die Lehre des Feng Shui arbeitet nach diesen Prinzipien.

Es kann sich lohnen, nicht immer auf die herkömmlichen Farbvorstellungen zurückzugreifen. In dieser stilvollen Küche wurde die Decke in einer Farbe gestrichen, die gut zum Stuhl passt. So wird eine harmonische, aber auch fröhliche Atmosphäre geschaffen.

ERFRISCHUNG

Türkis, eine Mischung aus Grün und Blau, vereinigt die Qualitäten beider Farben. Es ist kraftvoll und jugendlich, erfrischend und belebend. Mit der Klarheit reinen, frischen Wassers stärkt es die Kommunikations- und Ausdrucksfähigkeit. Türkis hat eine beschützende Wirkung und stärkt unsere körperlichen und emotionalen Abwehrkräfte. Es baut Spannungen und Stress ab und kann helfen, wenn wir uns angegriffen oder nervös fühlen.

KLARES TÜRKIS

Aufgrund seiner Klarheit und Strenge ist das helle Türkis ein intensiver, pulsierender Farbton von großer Wirkung. Wie der Halbedelstein selbst hat diese tiefe und opulente Farbe viel Licht und Energie.

Manchmal hilft es, sich einer Farbe durch den Vergleich mit ihrer Komplementärfarbe anzunähern – in diesem Falle also mit kräftigem Rot, die Farbe physischer Kraft und Leidenschaft. Türkis gleicht diese Eigenschaften aus und sorgt für Ruhe und Gelassenheit. Rot spornt uns an, verleiht uns Schwung, Türkis hilft uns zu entspannen. Während Rot optisch verkleinert, lässt Türkis die Räume weiter und geräumiger erscheinen. Kraft und jugendlicher Charakter der Farbe fördern Klarheit, Offenheit und den Willen zur Veränderung. Neigen Sie jedoch zu Antriebsschwäche oder Trägheit, ist Türkis weniger geeignet. Dann sollten Sie sich lieber für eine anregendere Farbe entscheiden, zum Beispiel für Orange.

Die Wände dieses Wohnzimmers sind leicht gesprenkelt. Eine ideale Art, eine lebhafte Farbe wie Türkis anzubringen. Der Gesamteindruck wird dadurch leichter und weniger intensiv, die Wirkung der Farbe bleibt jedoch erhalten. Wie Blau sollte auch Türkis in kühlen Räumen besser vermieden werden. Die Ausstrahlung von Türkis lädt zum Durchatmen und Entspannen ein, könnte aber ohne Ausgleich zu kühl und abweisend wirken.

Links Das Rot dieses Kissens gleicht das Türkis des Sessels auf kraftvolle Weise aus. Samt unterstreicht die Tiefe dieses brillanten Farbtons.

Mitte Das Ausprobieren verschiedener Anstriche und Techniken ist die beste Methode, sich mit neuen Farbtönen und ihren Effekten auseinander zu setzen. Der Untergrund kann Karton oder Packpapier, aber auch ein Stück Wand sein.

Rechts In diesem Raum wird die Wirkung des Türkis durch Wandspiegel und eine weiße Zimmerdecke unterstrichen. Die pinkfarbenen Kissen und das Gemälde sorgen für Wärme und Harmonie.

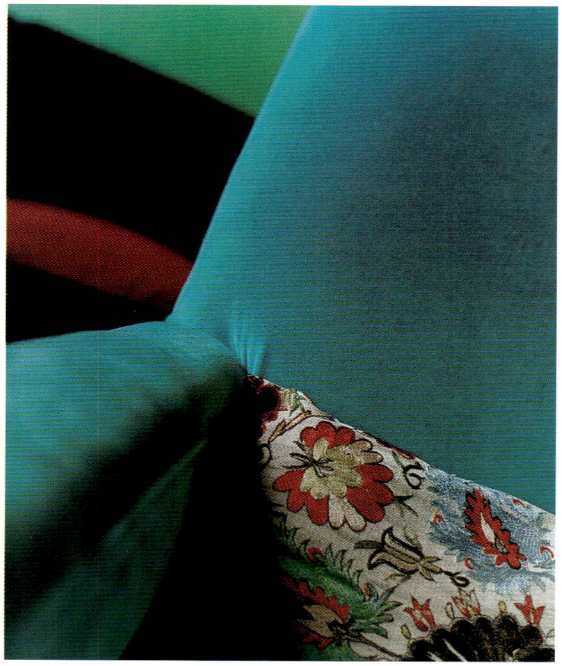

KÜHLES WASSER

Das türkise Farbspektrum ist frisch, lebendig und klar. Diese sprudelnde Farbe kann Lebensgeister wecken. Wie ein klarer, kühler Gebirgsbach lindert Türkis Stress und Anspannung.

Links Mit einer Kombination verschiedener Türkis- und Blauschattierungen können Sie sanfte Farbübergänge zwischen Wänden oder Möbelstücken schaffen. Zusätzliche blaue, grüne oder weiße Farbtupfer verleihen Ihrem Zuhause eine persönliche Note.

Rechts Wie viele in Blautönen gehaltene Küchen vermittelt auch diese türkisfarbene eine beruhigende und entspannende Atmosphäre. Sie erleichtert das Arbeiten in einem Raum, in dem es so hektisch und betriebsam zugeht wie in keinem anderen. Der hier verwendete Türkiston wirkt besonders klar und leuchtend.

Türkis vereinigt die Qualitäten der Farben, aus denen es zusammengesetzt ist. Die beruhigende Wirkung von Blau und die Ausgeglichenheit von Grün, der Farbe des Herz-Chakras. Türkis unterstützt das Abwehr- und Immunsystem des Körpers, hilft bei Erkältungen und Heuschnupfen, und seine kühle Ausstrahlung beruhigt Schwellungen und Entzündungen. Außerdem fördert es den Heilungsprozess von Schnitt- und Brandwunden oder Hauterkrankungen.

Das kühle Türkis schützt nicht nur Ihren Körper gegen Krankheitskeime und Viren, es hilft auch mental und seelisch. Wenn Sie sich nervös oder angegriffen fühlen, lassen Sie sich von Türkis beruhigen und besänftigen, wie vom kühlen Wasser eines Sees.

Die kühle Energie, die diese Küche ausstrahlt, ist für ein warmes Klima ideal. Der dunkelbraune Holzboden schafft eine gute Grundlage, doch könnte dieser Raum sicherlich etwas mehr Farbe für seine Lebendigkeit gebrauchen. Wenn in dieser Küche jedoch richtig gearbeitet wird – mit bunten Verpackungen, mit Obst und Gemüse auf den Arbeitsflächen – wirkt sie wieder harmonisch.

AQUAMARIN

Aquamarin erinnert in seiner Frische an das klare Wasser des Mittelmeers oder der exotischen Karibik. So wie ein Aufenthalt am Meer eine belebende Wirkung auf uns ausübt, so verkörpern auch diese Farbtöne Frische, Vitalität und Entspannung.

Links Die grüne und hellblaue Farbe des Bodens fügt sich harmonisch in das Schlafzimmer ein, das an eine Lagunenstimmung erinnert.

Rechts Der Blick zur Zimmerdecke während eines Bades kann ein ganz neues Erlebnis werden, wenn Sie die Decke in einer Ihrer Lieblingsfarben streichen. Das Aquamarinblau dieses Bades wirkt ausgesprochen beruhigend, während die warmen Farbtöne des Bodens und der Badewanne Balance und Harmonie herstellen.

In der Natur sind Blau- und Grüntöne oft bunt gesprenkelt. In der Innendekoration kann dies dazu beitragen, den Gesamteindruck der Farben abzumildern und mehr Helligkeit und Bewegung zu vermitteln. Betrachten Sie ihr Zuhause als eine weiße Leinwand, auf der Sie Ihrem Lebensgefühl nicht nur durch Farben Ausdruck verleihen.

Für das hier gezeigte Schlafzimmer wurde ein abstraktes Muster verwendet. Dieser fließende und sanfte Anstrich verleiht ihm Besonderheit. Eine dünne Farblösung wurde auf eine hellere, hier weiße Grundierung aufgetragen. Die geometrischen Flächen erscheinen leicht und abstrakt. Mit einer härteren, geradlinigeren Strichführung erhält man den gegenteiligen Effekt. Kontrastierende Farben mögen ein Blickfang sein, können aber bald als aufdringlich empfunden werden. Strenge, große Muster wirken in einem Schlafzimmer aufdringlich und beklemmend. Solche Formen machen sich besser in Dielen und Gängen, in „Durchgangsräumen" also, wo man sich nicht zu lange aufhält.

Das getönte Mattglas in dem gegenüber abgebildeten Badezimmer bringt auf interessante Art Farbe und Transparenz ins Spiel. Gläserne Bauteile können helfen, den Raum aufzuteilen, ohne dass zu viel Licht geschluckt wird. Dieses türkisfarbene Mattglas wird durch die Deckenbeleuchtung dahinter effektvoll illuminiert und vergrößert zudem den Raum auf interessante Weise.

AZURBLAU

Unendlich wie der blaue Himmel, liegt der Charme des Azurblau in seiner Leichtigkeit und Luftigkeit. Es ist eine ideale Farbe, um enge Räume zu vergrößern, etwa kleine Badezimmer oder Duschkabinen, die leicht Beklemmung verursachen können.

Links Eine Dusche in diesem brillanten Türkis verschafft die nötige Frische für den Tag. Über Ihre Haut, die diese kräftige Farbe aufnimmt, wird auch das Immunsystem Ihres Körpers gestärkt.

Rechts Die himmelblaue Decke dieses Badezimmers unterstreicht die großzügige und entspannende Atmosphäre der türkisfarbenen Wände. Dieser Pastellton ist schwächer als das Türkis der Duschkabine und wirkt daher dezenter.

Wegen seiner entspannenden Wirkung ist Türkis die ideale Farbe für Dusche oder Bad, vor allem nach dem Sport oder an heißen Tagen. Daher wird Türkis oft als Farbe für „sportive" Duschgels und Deos verwendet. Diese Farbe ist ein Ausdruck von kühler Frische.

Türkis ist mit dem körpereigenen Abwehrsystem verbunden. Es ist die Farbe des wenig bekannten Thymus-Chakras zwischen Hals- und Herz-Chakra. Die Thymusdrüse ist Teil des Immunsystems und produziert Antikörper, die uns vor Krankheitskeimen schützen. Das Türkis steht außerdem für Beredsamkeit und Kontaktfreude, indem es unsere Kommunikationsfähigkeit unterstützt.

Diese ins Azurblaue spielenden Farbschattierungen passen gut ins Badezimmer, weil sie an die Frische, Natürlichkeit und an die reinigende Wirkung des Wassers erinnern. Da wir Farbeindrücke am besten durch die nackte Haut aufnehmen, ist die Dusche der ideale Ort für eine Extradosis an Farbe. Azur tritt oft zusammen mit Blau auf, vor allem in klimatisch heißen Gebieten, und sollte am besten nur in seiner Reinform verwendet werden, aufgehellt oder kombiniert mit Weiß.

GLETSCHER**BLAU**

Mit Blau als Grundfarbe und einem leichten Grünstich, wirken diese gletscherblauen Töne frisch und kühl, darüber hinaus jedoch auch ruhig und besänftigend. Sie sind ideal für Menschen mit hitzigem Temperament.

Links Interessant ist der Effekt eines roten Handtuchs vor dem Hintergrund dieses kühlen, türkisfarbenen Badezimmers. Die blaue und orangefarbene Kachel über dem Waschbecken bilden einen interessanten Kontrast als Komplementärfarben und es scheint, als würden sie gegenseitig um die Aufmerksamkeit des Betrachters wetteifern.

Rechts In diesem Schlafzimmer unterstreicht das helle weiße Bettlaken die kühle Ausstrahlung der Wände. Hier können angespannte und überarbeitete Menschen Ruhe finden.

Ein Schlafzimmer in diesem Farbton ist besonders gut für Menschen geeignet, die einen anstrengenden Beruf ausüben. Besonders dann, wenn es schwer fällt, am Ende des Tages durchzuatmen und abzuschalten. Gletscherblau wirkt beruhigend und baut Stress ab. Die kühlen Blautöne bieten sich gerade für warme Räume an. Wenn Sie erwägen, solche Farben in Räumen mit wenig natürlichem Tageslicht zu verwenden, sollten Sie daran denken, dass dies im Winter vielleicht zu kalt und abweisend wirken könnte. Im Hinblick auf die farbliche Balance sollten Sie daher rote Akzente setzen. An den folgenden Beispielen können Sie sehen, wie gut die Orangetöne der Badezimmermöbel und der Holzboden die beruhigende, kühle Farbe der Wände ergänzen. Die Wärme, die das Orange ausstrahlt, schafft hier eine gemütliche und einladende Atmosphäre.

Wenn Sie sich von der Reinheit dieser Farbtöne angezogen fühlen, ist das ein gutes Zeichen. Dunklere, trübe Farben zu bevorzugen, kann auf innere Unsicherheit oder Unausgeglichenheit hinweisen. Die kühle Frische des Gletscherblaus beruhigt den Geist und fördert die Klarheit des Denkens.

BERUHIGUNG

Blau ist die Farbe der Ruhe. Es hat die Weite und Unendlichkeit eines klaren Sommerhimmels. Blau wirkt entspannend, beruhigend und gibt uns mehr Gelassenheit und Ausgeglichenheit. Es reduziert den Herzschlag, senkt den Blutdruck, und da es Körper und Geist entspannt, atmen wir tiefer durch. Blau ist die Farbe der Kommunikation, der Fantasie und der inneren Stärke. Es schafft Ruhe, Frieden und Gelassenheit.

TIEFBLAU

Blau ist eine Primärfarbe, die nicht durch Mischen erzeugt werden kann. Im Farbkreis befindet sich Blau zwischen Violett und Grün. Es tendiert daher zu beiden Farbtönen. Seine Tiefe und Intensität schaffen eine Stimmung von Ruhe und Ausgeglichenheit.

Links Die leichten, warmen Farbtöne des Holzbodens bilden mit der weißen Leiste einen wohltuenden Kontrast zur üppigen Wandfarbe. Zwei kräftige Blautöne wie hier kombiniert, schaffen einen beruhigenden Gesamteindruck.

Rechts Die leichten Orangetöne in dem Bild über dem Bett heben sich vom Tiefblau der Wände ab. Orange ist die Komplementärfarbe zu Blau und sorgt für Wärme und Ausgeglichenheit. Die helle weiße Wand und das weiße Bett reflektieren das Licht im Zimmer und sorgen so für Helligkeit.

Wenn es um Innendekoration geht, werden Sie mehr Farbvarianten von Blau finden als von irgendeiner anderen Farbe. Zudem ist sie eine der drei Primärfarben, die nicht durch Kombination von anderen Farben gemischt werden kann. Es verkörpert das kühle Element des Farbkreises und scheint, wie alle kühlen Farben, vor dem Betrachter zurückzuweichen. Dadurch vermittelt Blau einen Eindruck von Großzügigkeit und räumlicher Weite, die besonders kleinen Räumen zugute kommt.

Bei der Raumgestaltung entfaltet Blau vor allem dann seine aufhellende Wirkung, wenn es mit Weiß kombiniert wird. Die weiß getünchten Häuser in den Mittelmeerländern reflektieren das Sonnenlicht und seine Wärme und halten das Innere der Häuser auf diese Weise angenehm kühl. Das Weiß der Wolken gegen das Blau des Himmels wirkt äußerst rein und sehr hell.

Dunkelblaue Schlafzimmer garantieren einen ruhigen, erholsamen Schlaf. Diese Farbe verheißt eine friedliche Nacht und eignet sich besonders für Menschen, die ihre Arbeit noch mit nach Hause nehmen und deswegen schwer abschalten und entspannen können. Blau verspricht angenehme Träume. Am Morgen ist diese Farbe kein Muntermacher. Die tiefen Blautöne auf diesen Abbildungen sind sicherlich nicht für Gemüter geeignet, denen es morgens an Schwung fehlt.

STAHLBLAU

Stahlblau ist hell und klar. Diese Farbe leuchtet wie Juwelen. Besonders gut entfaltet es seine Wirkung in kleinen Winkeln wie Nischen und Vitrinen. Seidig glänzend oder poliert, verbreitet es einen zauberhaften Glanz.

Blau ist eine beliebte Farbe für Küchenmöbel und Geschirr. In einer reinen Arbeitsküche finden Sie mit dieser Farbe Zeit und Muße für die Essenszubereitung. Wird in Ihrer Küche auch gegessen, ist Blau zu zurückhaltend. Wegen seiner kühlen Ausstrahlung eignet sich Stahlblau nicht für Räume mit wenig Sonnenlicht. Orange oder gelbe Farbakzente sorgen für Harmonie und Wärme.

Grelle, elektrisierende Farben können nervös machen. Leuchtende Blautöne können so sehr schillern und fluoreszieren, dass sie ihre beruhigende, anheimelnde Wirkung verlieren. Die Blau- und Türkistöne in dieser Küche haben einen leuchtenden, vollen Glanz.

Blau wirkt in hektischer Umgebung beruhigend. Es senkt Blutdruck und Herzschlag, unterstützt den Heilungsprozess bei Verbrennungen und Sonnenbränden und hilft, Kopfschmerzen und Spannungen abzubauen. Blau kann sogar die Heilung asthmatischer Beschwerden unterstützen oder vormenstruelle Schmerzen lindern. Blau ist die beste Farbe gegen Schmerzen.

Links Dieses Einrichtungsstück erhält mit seinen bunten Farbflächen ein abstraktes Design. Das Blau wird durch die Komplementärfarbe Orange der Blumen in seiner Wirkung verstärkt.

Mitte Edelstahl lässt sich gut mit diesem Blau kombinieren. Die Flächen spiegeln das Licht in alle Richtungen und sorgen so für eine lebendige energiegeladene Atmosphäre.

Rechts Der goldene Farbton des Tisches harmoniert mit der blauen Umgebung. Der kleine rote Wandschalter springt förmlich ins Auge und fordert die Aufmerksamkeit des Betrachters heraus.

KORNBLUMEN **BLAU**

Voll und leuchtend ist das Blau der Kornblume. Durch einen Rotstich können diese Blumen auch leicht violett wirken. Dann erhält das Blau der Kornblume die sanfte, kontemplative und beruhigende Wirkung von Lila.

Wir nehmen Farben und ihre Stimmungen auf verschiedene Arten wie z. B. über die Augen, aber auch über die Nahrung und die Haut auf.

Ein Badezimmer in Kornblumenblau ist optimal zum Entspannen. In einer Badewanne mit gefärbtem Wasser lässt sich die Farbe mit ihrer eigenen Energie am besten absorbieren. Badezusätze können in Fachgeschäften gekauft werden, aber auch einige Tropfen Lebensmittelfarbe eignen sich hierfür. Die beruhigende Ausstrahlung von Blau lädt besonders abends zu einem Bad ein.

Eine blaues Badezimmer entlastet das Hals-Chakra. Bei einer Entzündung in diesem Bereich empfiehlt sich daher das Anbringen eines blauen Wickels. Da das Hals-Chakra für Ausdruckskraft, Kreativität und Fantasie zuständig ist, kann eine Blockade Apathie, Weltabgewandtheit und Isolation verursachen. Ein blauer Bademantel auf der Haut schenkt Ihrem Körper die farbeigene Energie. Verwenden Sie nur Naturfasern und entscheiden Sie sich für den Farbton, der Ihrem Temperament am besten entspricht. Auch farbige Handtücher, Seifen und Badezusätze eignen sich, um die Wirkung der Farben in sich aufzunehmen.

Links Die Farben in diesem Mosaik aus blauen Fliesen wirken intensiver, wenn sie nass sind. Dann verstärkt sich der frische, sprudelnde Eindruck der Farbe und erinnert an einen klaren blauen See oder das Meer.

Mitte Einigen Menschen genügt schon die Energie einer blauen Fläche. Das weiße Holz, die Einrichtung und der Heizkörper geben dem Badezimmer helles, klares Licht.

Rechts Die warme Ausstrahlung des Holzfußbodens gleicht die blaue Umgebung aus. Ein solches Bad schafft die ideale Atmosphäre, um sich nach einem anstrengenden Tag zu entspannen.

ULTRAMARIN

Dieses Blau, das bereits schon mehr im roten Bereich des Farbkreises anzusiedeln ist, wirkt am besten, wenn es mit Weiß aufgelockert wird oder nur in kleinen Mengen als Akzentfarbe verwendet wird. So wird Ultramarin zu einem anziehenden Himmelblau.

Früher war der Farbstoff Ultramarin rar und kostbar, da er durch Zermahlen des Halbedelsteins Lapislazuli gewonnen wurde. Heute ist Blau eine ganz normale und sehr beliebte Farbe. Der zunehmend hektische Lebensrhythmus unserer Gesellschaft führt dazu, dass wir gerne jede Gelegenheit zur Entspannung nutzen. Kräftige Blautöne wie Ultramarin sind beruhigend, entspannend und für alle eine Wohltat, die schwer zur Ruhe kommen.

Neigen Sie zu Lethargie, ist eine zu starke Hinwendung zu Blau – vor allem zu intensiven Tönen wie dem kräftigen Ultramarin im hier gezeigten Bad – nicht empfehlenswert. Anregende, energiegeladene Farben wären dann geeigneter, vor allem für die Dusche oder das Bad am Morgen. Wenn Ihr Eigenantrieb nicht besonders stark ist, kann ein Übermaß an Blau zu Lustlosigkeit und Untätigkeit führen, zu Isolation und sogar Depressionen. Nicht von ungefähr kommt der englische Ausdruck „feeling blue" für Mutlosigkeit und Trauer. Und der „Blues" hat einen getragenen, melancholischen Rhythmus. Wenn wir unsere Vorliebe für gewisse Farben besser verstehen, gewinnen wir auch neue Einsichten über uns selbst.

Links Kräftige blaue Farbtöne sind nicht immer beliebt. Dieser Pastellton hat einen sanfteren, dezenteren Effekt. Wir reagieren alle individuell auf die Farben unserer Umgebung.

Mitte Dieses Bad bekommt mit den blauen Mosaikkacheln die intensive Farbe von Lapislazuli. Die weißen Elemente bilden hier einen positiven Kontrast und geben der Dusche Licht.

Rechts Die Intensität des Blautons in diesem Badezimmer hat den Effekt, dass der Raum vor dem Betrachter zurückzuweichen scheint. Die Badezimmereinrichtung erscheint klar und hell – gegen dieses Blau noch weißer.

DUNKELBLAU

Diese Farbe ist am effektvollsten, wenn sie mit warmen Tönen verbunden wird. Eine ganz in Blau gehaltene Wand kann abweisend wirken. Ein blauer Akzent verbreitet hingegen Heiterkeit, Ruhe und Frieden.

Farbiges Licht hat einen stärkeren Effekt als Farbpigmente. Das Gelb dieser Glühlampe bildet einen scharfen Kontrast zum beruhigenden Blau und sorgt für einen wärmeren Ausgleich im Raum.

So wie Blau einen beruhigenden Einfluss auf uns ausübt, wirkt Gelb anregend. In dem gegenüber abgebildeten Schlafzimmer vermitteln die Gelbtöne der Kissen Lebendigkeit und Wärme, während das Blau den nötigen Rahmen bildet. Um solch eine optimale Wirkung erzielen zu können, ist es besser, wenn man qualitativ hochwertige Künstlerfarben auf Öl-, Acryl- oder Wasserbasis benutzt. In kleinen Flächen über der Wandfarbe aufgetragen, können diese Farben eine ansprechende Wirkung entfalten. Probieren Sie diese Technik an einer Wand, auf einem Rahmen oder auch einer Leinwand aus. Aufgestellte bemalte Paneele in Blau machen sich besonders gut in hektischer Umgebung. Hier sind sie mehr als nur Dekorationsobjekte: Sie leisten einen eigenen Beitrag zum Stressabbau an modernen Arbeitsplätzen.

Das beruhigend wirkende Blau ist eine ideale Farbe bei Hektik und innerer Anspannung. Achten Sie einmal darauf, wie sehr kräftiges, kühles Blau das Gemüt gerade an Orten besänftigt, wo man oft mit langen Warteschlangen rechnen muss – wie Behörden oder Schalterhallen einer Bank.

Vergessen Sie bei der Gestaltung nie die Komplementärfarben. Die lebhaft wirkenden orangefarbenen Gerbera bilden zur Farbfülle dieses Zimmers einen angenehmen Kontrast und mildern die kühl wirkende blaue Wand. Kleine Accessoires wie die Glasvase auf dem Nachttischchen sorgen für farbliches Wohlbefinden.

BLAUE TUPFER

Intensive Farbeindrücke wirken anregend und sättigend. Ein blauer Farbtupfer, vor allem in den kräftigen Tönen wie hier auf diesen Bildern, kann oft genügen. Die Farben blauer Edelsteine leuchten wie Juwelen.

Mit blauen Vasen, Gläsern oder auch blauen Türrahmen und Wänden kann die intensive Energie der blauen Farbe vermittelt werden. Farbiges Glas ist sogar so wirkungsvoll, dass es von Therapeuten zur Unterstützung bei Strahlenbehandlungen verwendet wird.

Es ist interessant zu beobachten, welche Empfindungen Farben beim Menschen auslösen können. So können wir uns zu unterschiedlichen Zeiten, manchmal sogar innerhalb eines einzigen Tages von verschiedenen Farben, ganz besonders angezogen fühlen. Die Gründe dafür liegen in der Persönlichkeit des Einzelnen. Wir reagieren unterschiedlich, je nachdem, wie unser eigenes inneres Energiepotenzial aussieht.

Der Bezug, den wir zu einer bestimmten Farbe haben, bleibt nicht immer gleich. Austauschbare Accessoires sind daher durchaus sinnvoll. Ein weißes oder cremefarbenes Sofa beispielsweise ist der ideale Hintergrund für bunte Kissen, die Sie ansprechend dekorieren können. Farbige Vasen, wie auch Bilder oder kleine Teppiche, setzen spielerische Farbakzente.

Links Die cremefarbenen Wände bilden den Hintergrund für diese Farbgestaltungen. Das Blau der Kissen wird durch das Orange des Bildes ausgeglichen.

Mitte Geschickt positionierte Glasobjekte filtern das einfallende Licht auf schöne Weise – wie die blaue Vase auf dem Bild, die das einfallende Sonnenlicht im Raum reflektiert und so eine fast magische Stimmung schafft.

Rechts Der kräftige blaue Farbton dieser Bilder wird durch die weißen Wände und Möbelstücke unterstrichen. Da er in dieser schwarz-weiß gehaltenen Umgebung die einzige echte Farbe ist, wirkt er besonders eindrucksvoll.

BESINNUNG

Violett ist die Farbe der meditativen Atmosphäre. Es ist der Farbton, der zu Kontemplation und innerer Einkehr anregt. Da er der Farbton des Stirn-Chakras ist, werden ihm auch Eigenschaften wie Intuition, Hellsichtigkeit und Empfänglichkeit zugeschrieben. Violett unterstützt Einsicht und Wahrnehmung, es ist die Farbe der Würde und Selbstachtung. Seine feinen Schwingungen verleihen ihm eine erhebende, liebenswürdige und beruhigende Wirkung.

DUNKEL VIOLETT

Als Wandfarbe wirkt Tiefviolett sehr eindrucksvoll. Eine solch kräftige Farbe kommt vor allem für Menschen in Frage, die sowohl eigenes Selbstvertrauen als auch den Respekt anderer suchen. Ihnen gibt diese Farbe Auftrieb und Inspiration.

Während Rot langsame und kräftige Schwingungen hat und für physische Energie steht, machen uns die schnellen und feinen Schwingungen des Violetts leicht und beschwingt. Wenn Sie zu Unsicherheit neigen, ist diese Farbe weniger geeignet. Violett kann für uns in Zeiten geistiger Entwicklung, oder in späteren Lebensjahren, eine besondere Bedeutung bekommen. Gerade im fortgeschrittenen Alter können die Eigenschaften dieser Farbe besonders hilfreich sein. Die jüngere Generation wird sich hingegen eher von den Farben Rot, Orange oder Gelb angezogen fühlen.

Der leichte, helle Fensterrahmen auf dem Bild gegenüber bildet einen angenehmen Kontrast zur violetten Wand und sorgt mit dem Grün des Gartens für farbliche Harmonie. Das weiße Holz wirkt frisch und unterstreicht zugleich die Wirkung dieses reinen Violetts.

Das ätherisch wirkende Violett wird in dem unten gezeigten Zimmer auf wohltuende Weise durch das dunkle Holz des Bodens und der Möbel getragen. Das Holz gibt Halt und sorgt für einen angenehmen Rahmen für das dezente Mobiliar.

Links Wenn Sie Ihre Wand in einer kräftigen Farbe wie in dem hier gezeigten Tiefviolett gestalten, sollten Sie die Decke in hellem, klarem Weiß halten und Lampen so anbringen, dass sie für gute Beleuchtung sorgen.

Mitte Da Magenta die höchste und schnellste Schwingung von allen Farben hat, unterstreicht das magentafarbene Sofa auf diesem Bild die erhebende Wirkung der violetten Wände. Beides zusammen ergibt einen lebhaften und interessanten Effekt.

Rechts Violett ist eine kontemplative Farbe, die zu innerer Einkehr anregt. Ein solcher Raum bietet sich daher für Yoga- oder Meditationsübungen an.

PURPUR

Purpur ist eine kräftige, volle Farbe, die früher Königen und Kaisern vorbehalten war. Dieser eindrucksvolle Farbton setzt intensive Akzente. Selbst kleinere Accessoires, wie purpurfarbene Kissen auf einem Sofa, schenken dem ganzen Raum die Energie von Purpur.

Links Der tiefe auberginefarbene Ton dieses Kissens wird durch die weiß-rote Stickerei aufgehellt. Grober Stoff wie dieser hier hat eine folkloristische Anmutung.

Rechts Das Schiefergrau des Kamins bringt als Kontrast zu den süßen und harmonischen Tönen des Violett, Pink und Blau Kraft und Stärke in den Raum.

Wie wir im Farbkreis sehen, ist Violett eine Sekundärfarbe, die aus der Mischung roter und blauer Farbpigmente besteht, mit der unterschiedliche Farbtönungen erreicht werden können. Purpur vereinigt die beiden Extreme des Farbspektrums: Energiereiches, stimulierendes Rot und ruhiges, eher passives Blau. Purpur mit höherem Rotanteil ergibt Scharlachrot, eine schwere und intensive Farbe. Ein höherer Anteil an Blau wirkt dagegen fein und edel.

Auch Stoffart und -qualität beeinflussen die Farbwirkung: Auf einem groben Stoff erscheinen die Farben leichter, auf feinen Stoffen wirken sie voll und kräftig. Naturfasern wie Baumwolle oder Seide sind besonders lichtdurchlässig. Wenn Sie Kleidung tragen, die aus diesen Stoffen gefertigt ist, wird das Licht Ihren Körper leichter erreichen und zusammen mit der Farbe seinen positiven Einfluss ausüben.

In den abgebildeten Räumen harmonieren die Pinktöne des Sofas, die leicht ins Violette gehen, mit der blauen Sitzfläche und den lila Kissen. Für ein solches Farbenspiel sollten Sie genau die Farben berücksichtigen, die im Spektrum direkt nebeneinander liegen.

INDISCH BLAU

Indigo wurde ursprünglich ausschließlich aus Pflanzen gewonnen und noch nicht synthetisch hergestellt. In seinen dunkleren Schattierungen erscheint diese Farbe so undurchdringlich wie ein Nachthimmel oder ein tiefer See.

Für viele Menschen verkörpert Indigo, noch mehr als Violett, das Stirn-Chakra, das Einsicht, Intuition und psychisches Bewusstsein steuert. Wegen seiner Intensität sollte Indigo nur zusammen mit leichteren Farben verwendet werden. Nach diesem Prinzip wurde der Raum auf der Abbildung gegenüber gestaltet: Der tiefe, kräftige Farbton des Sofas wird durch das Weiß der Decken und Wände und die breite Fensterfront ausgeglichen.

Da Indigo ein sehr kräftiger Farbton ist, eignet er sich bei der Inneneinrichtung niemals als dominierende Hauptfarbe, sondern nur für farbliche Akzente. Als Wandfarbe, ohne ausgleichende Elemente, wäre er zu schwer.

Indigo ist eine Nachtfarbe und daher besonders gut für Schlafzimmer geeignet. Dort sorgt es für einen erholsamen Schlaf. Versäumen Sie nicht, andere, hellere Farben mit einzubeziehen, die ausgleichend und aufhellend wirken. Zwar hat jeder seine eigenen Vorlieben für Farben, allgemein kann jedoch festgestellt werden, dass geerdete Menschen am ehesten von dunklen und schweren Farben profitieren.

Links Die Härte und Schwere dieser Steine bringen die notwendige Erdung, um die spirituelle Farbe auszubalancieren. So sind kräftige Farben ideal für kleine Einrichtungseinheiten wie dieses Regal, um damit starke Akzente zu setzen.

Mitte Dieses herrlich intensive Violett der Blüten erscheint im Kontrast zu den seidig anmutenden Blättern noch üppiger. Immer wieder ist die Natur die beste Inspirationsquelle für die Farbgestaltungen.

Rechts Dieses Sofa wird durch leuchtend weiße Wände und Decken eingerahmt. Der metallisch glänzende Boden reflektiert sehr viel Licht und gibt dem Sofa dadurch noch mehr Leuchtkraft.

FRISCHER LAVENDEL

Die schützenden und antiseptischen Eigenschaften des Lavendels werden seit Jahrhunderten geschätzt. Lavendel vermittelt ein Gefühl des Friedens und Wohlbefindens. Auch Düfte und ihre Schwingungen beeinflussen unser Gefühls- und Seelenleben.

Links Glänzende Metallflächen strahlen sehr viel Licht zurück. Silberne Farbtöne passen besonders gut zu Violett- und Lavendeltönen. Zusammen sorgen sie für eine angenehme Atmosphäre.

Rechts Gerade wenn ein Raum viele verschiedene Gegenstände enthält, kann die Verwendung einer einzigen Farbe ein einheitliches Bild schaffen. Das Mauerwerk auf diesem Bild, die hölzerne Leiter, das Stockbett und die Rohre sind alle im gleichen sanften Lavendelton gestrichen.

Sowohl Duft wie auch Farbe des Lavendels wurden nach dem gleichnamigen Strauch benannt, einer immergrünen Gartenpflanze. So wie der Duft des Lavendels angenehm und beruhigend wirkt, hat auch die Farbe solche Eigenschaften.

Lavendel hat einen leichten Blaustich. Feine Farbschwingungen sorgen für eine leichte und ätherische Wirkung. Wer Pastelltöne bevorzugt, wird den feinen Stich des Lavendels ins Violette besonders mögen. Manche empfinden kräftige Farben als aufdringlich. Menschen mit sanftem Temperament werden daher feinere Farbtöne bevorzugen. Zu viel Lavendel kann störend wirken, insbesondere dann, wenn es nicht durch entsprechende Komplementärfarben ausgeglichen wird.

In einem Raum mit wenig Tageslicht sollte man bei der Verwendung von Lavendel Folgendes beachten: Im Schatten oder Zwielicht kann er eher gräulich wirken. Am besten wirkt Lavendel zusammen mit Weiß – wieder ein Beispiel für eine ideale Kombination kontrastreicher Farben.

Wie Violett, so ist auch Lavendel geeignet, Ihr Selbstwertgefühl zu steigern. In Zimmern, in denen Sie sich ankleiden, könnte Ihnen diese Farbe ein Gefühl der Zufriedenheit mit Ihrem Äußeren vermitteln. Tragen Sie also Lavendel, wenn Sie mit sich und Ihrem Aussehen nicht zufrieden sind. Im Schlafzimmer kann Lavendel besänftigen und für einen ruhigen, erholsamen Schlaf bis in die Morgenstunden sorgen.

FLIEDERZEIT

Lila ist eine leichtere Schattierung von Violett. Es enthält etwas mehr Pink als Blau und ist ein geradezu duftender, aktivierender und sehr anziehender Farbton. Für Menschen, die sich zu etwas helleren Pastelltönen hingezogen fühlen, kann Lila ein großer Gewinn sein.

Eine Veränderung Ihrer Einrichtung ist durchaus aufwändig. Bevor Sie sich über die endgültige Gestaltung klar sind, ist es sinnvoll, neue Farben erst einmal durch austauschbare Accessoires wie Tischdecken, Vasen oder einzelne Stühle auszuprobieren. Wenn Sie zunächst nur eine Wand in einer Farbe wie Lila streichen, können Sie sich einen Eindruck verschaffen und leicht wieder überstreichen, wenn es Ihnen nicht gefällt. Die Vorliebe für eine Farbe kann auch eine vorübergehende Neigung sein, das trifft besonders für den violetten Teil des Farbspektrums zu. Lila ist vor allem dann zu empfehlen, wenn Ihr Selbstwertgefühl aufgebaut werden soll oder wenn Ihr Selbstvertrauen am Boden liegt. Wenn Sie dann wieder in besserer Stimmung sind, kann es passieren, dass Ihre Vorliebe für Lila bald wieder nachlässt.

Ein lila Rollo wie in dem unten gezeigten Raum wirkt wie ein Filter. Es schluckt alle anderen Farbtöne und lässt nur das pink-blaue Licht durch, das eine behagliche, beruhigende Atmosphäre schafft. In derselben Weise lässt auch farbige Kleidung nur bestimmte Farbenergien auf Ihre Haut durch.

Links Das lila Rollo strahlt im Sonnenlicht und taucht das ganze Zimmer in einen herrlichen Glanz. Das üppige Grün des Gartens unterstützt diese Farbwirkung optimal.

Mitte In dieser Küche genügt das Streichen einer Wand, um einen Eindruck dieses hellen Lilatons zu vermitteln. Das Weiß dazu behält eine helle und klare Wirkung.

Rechts Farbige Möbelstücke können problemlos von einem Raum in den anderen gestellt werden und sorgen so immer für Lebendigkeit. Die runde Form von Tisch und Stuhl gleichen die übrigen strengen und geraden Linien aus, die sonst zu beengend und abweisend wirken würden.

BROMBEERTON

Blauviolett ist machtvoll, dramatisch und mystisch. Der Hauch von wilden Brombeeren gibt diesem Wohnzimmer Ruhe und Besinnung. Hier können Sie sich zurückziehen, Musik hören oder meditieren.

Als Farbe für Kleidung ist Violett nicht sehr geeignet. Zu Hause können Sie jedoch gut dekorative Accessoires in dieser Farbe anbringen. Für betriebsame Räume, etwa die Küche, ist Blauviolett nicht empfehlenswert, denn seine beruhigende, verträumte Wirkung ist hier weniger erwünscht. Je nach Stimmungslage kann es jedoch ein idealer Farbton für Ihr Arbeitszimmer sein, um Ihre kreativen Seiten zu wecken.

Dann sollten Sie die Farbgebung mit Gelb, das Ihren Intellekt stimuliert, abrunden. Da Violett das Selbstvertrauen stärkt, kann es vor allem dann helfen, wenn Sie sich krank, angegriffen oder deprimiert fühlen.

Diese dunkleren Violetttöne verkörpern etwas Majestätisches und Pompöses. Die Komplementärfarbe dazu ist Gelb. Diese beiden Farben haben völlig gegensätzliche Wirkungen: Violett wirkt auf das Gefühlsleben, Gelb auf den Geist. Unmittelbar aneinander gesetzt, können Violett und Gelb zu kontrastreich sein. Harmonisch wirkt es, wenn nur eine der Farben dominiert und die andere Akzente setzt.

Links Diese gelben Töpfe heben sich deutlich von der violetten Wand ab. Wie zwei gegensätzliche Charaktere ergänzen und unterstreichen sich diese Farben in ihrer Wirkung.

Mitte Der silberne Rahmen des Spiegels lässt die violetten Wände mehr zur Geltung kommen. Für den nötigen Ausgleich sorgt der helle Boden und die Dekoration des Kamins.

Rechts Der weiße Abschnitt über der Wandleiste gibt dem Raum Helligkeit und verhindert, dass das Violett zu erdrückend wirkt. Die große Fensterfront bringt viel Sonnenlicht ins Zimmer und sorgt für eine einladende Atmosphäre.

ROMANTIK

Pink und insbesondere Rosa sind sicherlich die Farben, die am meisten mit Liebe und Romantik in Verbindung gebracht werden. Sie sind leicht, sanft und sehr feminin. Die warmen und schmeichelnden Rosatöne wirken einladend und herzlich. Wie Grün wird auch Rosa dem Herz-Chakra zugeordnet. Es ist die Farbe, die unser Herz und Gefühl berührt – ein Symbol der Liebe.

KNALLROSA

Knallrosa ist ein lebhafter, dramatischer und prickelnder Farbton. Seine Atmosphäre ist hitzig und sehr lebensfroh. Knallrosa ist genau der richtige Ton, um Spaß, Lebensfreude, Helligkeit und Dynamik in einen Raum zu bringen.

Ob Ihre gesuchte Farbe Liebe und Wärme ausstrahlen oder eher für Abwechslung und Energie sorgen soll – knallrosa Farbtöne bieten sich in jedem Fall an und werden Ihren Wünschen sicherlich gerecht.

Romantische Farbgestaltungen können auf der einen Seite ein extravaganter, stimmungsvoller und gefühlvoller Ausdruck der eigenen Persönlichkeit sein und andererseits aber ganz einfach nur positive Stimmungen im Haus erzeugen – weder zu kühn und extravagant noch zu aufdringlich.

Gerade weil es ein recht auffälliger Farbton ist, sollte Knallrosa behutsam verwendet werden. Auf die meisten Menschen wirken knallrosa Wände eher abschreckend: Wenn Sie es eher dezenter lieben, bändigen Sie seine Energie mit ausreichend Weiß.

Auch auf Rosatöne reagieren die Menschen unterschiedlich. Bei Kindern ist diese Farbe besonders beliebt. Da sie Eindrücke schneller aufnehmen und stärker reagieren als Erwachsene, erhalten sie in einer Farbtherapie kürzere und geringere Dosierungen.

Links Das Zusammenspiel aufregender und lebendiger Farben wie Magenta, Orange und Gold auf diesem Kissen wirkt am besten auf neutralem Hintergrund, hier auf Weiß.

Mitte Die Unterseiten dieser Regalbretter sind in leuchtenden Farben gehalten. Ein einfaches, praktisches Möbelstück wird dadurch zum attraktiven Blickfang.

Rechts Dieser Effekt ist fast nicht zu überbieten: Die rosafarbenen Vorhänge dieses Fensters lassen im Sonnenlicht eine Flut von Licht und Energie durch den Raum strömen.

BONBONROSA

Bonbonrosa wirkt süß, sanft und feminin. Auch hier gilt: Zu viel Süßes ist ungesund, so auch zu viel Rosa in einem Raum. Dieser Rosaton eignet sich besonders gut, um den härteren und kühleren Effekt maskuliner Farben auszugleichen.

Links Das Kopfende des Bettes kann durch einen neuen Bezug farblich immer wieder umgestaltet werden. Lassen Sie dabei Ihrer Fantasie freien Lauf! Ohne einen blauen Schrank und einen bläulichen Boden könnte Ihnen das Rosa bald „zu bunt" werden.

Rechts Zu viel feurige Farben könnten Ihren Schlaf stören. Die intensiven roten Farbstreifen in diesem Schlafzimmer sind ein Kontrast zu dem rosa Grundton.

Rosatöne werden eher gemieden, da sie an Kitsch und zuckersüße Bonbons erinnern, die so künstlich und unecht aussehen, wie sie schmecken. Es lohnt sich, über die Ursachen einer Abneigung gegenüber bestimmten Farbtönen nachzudenken und sie zu erforschen, dann kann man ihre positiven Eigenschaften vielleicht wieder genießen.

Obwohl Rosa eine Variation von Rot ist, strahlt es doch eine völlig andere Energie aus. Aufgrund der weißen Farbanteile ist es leichter und zurückhaltender. Während Rot eine männliche Farbe ist, ist Rosa eher feminin, anregend und weniger feurig und aggressiv.

In dem gegenüber gezeigten Schlafzimmer wurden verschiedene Rosatöne in waagerechten Streifen angebracht. Für eine harmonische Farbgebung empfiehlt es sich, den dunkelsten Farbton – wie hier das kräftige Magenta – als Grundfarbe auszuwählen und ihn mit Weiß stufenweise abzutönen, um die helleren Farbtöne zu erhalten. Längsstreifen sind möglicherweise weniger harmonisch als horizontale Streifen, die wie hier einen eher ausgleichenden und beruhigenden Effekt haben.

ROSENROT

Wenn man „alles durch eine rosa Brille sieht", ist man angeblich zu optimistisch. Das ist an sich eine durchaus romantische Eigenschaft. Rosenrot ist eine Abstufung von Rosa, die die sanfteren Qualitäten dieser Farbe betont.

Im Farbenkreis liegt Rot zwischen Orange und Violett. Mit einem leichten Stich ins Orange erhält Rosa eine pfirsichfarbene Nuance, mit einer Tendenz zu Violett wirkt es malvenfarbig. Jede Spielart von Rosa hat ihre spezifische Ausstrahlung. Malve ist allgemein eine ruhige Farbe, was auf die Anteile von Blau zurückzuführen ist. Die mehr ins Pfirsichfarbene spielenden Rosatöne wirken anregender. Die Komplementärfarben variieren, je nach Schattierung, von Grün bis Türkis. Wie immer empfiehlt es sich auch bei diesem Farbton, Akzente in der jeweiligen Komplementärfarbe zu setzen, um ein harmonisches und ausgeglichenes Gesamtbild zu erhalten.

Warme, pfirsichfarbene Farbtöne wirken schmeichelnd. Es wird behauptet, dass sie sogar bei Minderwertigkeitsgefühlen gut tun. Auf jeden Fall schaffen sie eine gemütliche und einladende Atmosphäre. Wichtig ist das Licht. Spärliche Beleuchtung wirkt dezent und intim. Rosenrotes Licht ist unaufdringlich und sanft. Kein Licht lässt sich mit der warmen, goldenen Flamme einer Kerze vergleichen. Wie das Sonnenlicht ist diese Flamme etwas Natürliches und vereinigt in sich alle Farben des Spektrums.

Links Es gibt ein paar ganz einfache Tricks, mit denen man einen Raum „ins rechte Licht rücken" kann: Geschickt positionierte Glasobjekte zum Beispiel fangen das Sonnenlicht auf. Das Glas dieser Vase reflektiert das Licht und verteilt es im ganzen Raum. Er wirkt dadurch prickelnd und voller Energie.

Rechts Mit verschiedenfarbigem Licht können Sie den Raum Ihrer Stimmung anpassen. Diese Lampen geben ein sanftes, rosiges Licht und schaffen so eine beruhigende und romantische Atmosphäre.

MAGENTA PINK

Kräftige Rosatöne wirken hell, lebendig und fröhlich, aber auch beruhigend und warm. In diesen Farben können Sie sich nicht nur wohl und aufgehoben fühlen, sondern bekommen auch das Gefühl vermittelt, in Ihrer Umgebung geschützt zu sein.

Links Mit originellen Papierlampions können Sie auf einfache und preiswerte Art farbiges Licht in Ihr Zuhause bringen. Solche Laternen gibt es häufig in den reinen, hellen und freundlichen Farben, die Kinder so sehr mögen.

Rechts Die Farbakzente in diesem Raum unterstützen die übrigen feurigen und lebhaften Farben. An der richtigen Stelle eingesetzt, können rosa Farbakzente den Gesamteindruck positiv beeinflussen.

Magenta oder Magentarosa, die achte Farbe des Spektrums, besitzt die höchsten und schnellsten Schwingungen. Als Lichtfarbe entsteht sie durch das Zusammentreffen von violettem und rotem Licht. Magenta ist die Farbe des Kronen-Chakras, dem Zentrum von Erkenntnis und Weisheit. Es regt zu innerer Einkehr an und beugt Hyperaktivität vor. Magenta vermittelt einen Eindruck von Frische und Lebendigkeit. Zu Hause sollte es nur mit Bedacht oder in Verbindung mit seiner Komplementärfarbe Grün verwendet werden, da es sonst zu dominant und intensiv wirken könnte.

Fragen Sie sich selbst, mit welcher Farbe Sie Spaß, Fröhlichkeit, Ernst, Trauer, Freundschaft oder Einsamkeit assoziieren. Fragen Sie sich dann, welche Farbe Sie bevorzugen, welche Farbe Sie am meisten oder am wenigsten in Ihrem Zuhause haben. Welche Farbe Sie am meisten tragen, welche Sie ablehnen und nie gebrauchen. Dadurch werden Sie angeregt, neue Farbtöne in Ihr Leben zu lassen. Auch wenn wir es nicht bewusst wahrnehmen, spiegeln auch die Farben unserer Kleidung persönliche Gefühle und Stimmungen wider. Sich bewusst mit Farben auseinander zu setzen – sei es zu Hause, in der Kleidung oder der Umwelt –, heißt auch, sich die Energien zunutze zu machen, die von diesen Farben ausgehen, und sie für sich individuell oder beispielsweise für die ganze Familie angemessen einzusetzen.

ERDUNG

Braun ist die Farbe der Erde. Diese Farbe hilft uns, den Boden unter den Füßen nicht zu verlieren und uns in der physischen Welt, die uns umgibt, verwurzelt zu fühlen. Aus der Erde strömt ständig Energie. Wenn wir sie auch zu Hause nutzen, kann sie uns unterstützen und unser Selbstgefühl stärken. Die Natur versorgt uns mit unendlichen Varianten, dieses erdige Farbspektrum in unser Leben zu integrieren.

HOLZTÖNE

Naturholz ist die schönste Art, Braun in Ihrer Einrichtung zu integrieren. Ganz gleich, wie dunkel der Holzton ist, seine Struktur ist immer lebendig und abwechslungsreich.

Links Das Kastanienbraun dieses Holzfußbodens macht den Flur warm und einladend. Die Spots wurden sorgfältig installiert, um besondere Gegenstände hervorzuheben und anzustrahlen, wie das Bild an der Wand. Der sanfte Cremeton des angrenzenden Raumes bringt die nötige Helligkeit in diesen Flurbereich.

Rechts Helle und cremige Farben in diesem Raum reduzieren die Dominanz der Brauntöne. Die ungewöhnliche Lampe, die den Blicke sofort auf sich lenkt, verleiht dem Ganzen einen zusätzlichen interessanten Reiz.

Die natürlichen Farben des Holzes reichen vom sanften Goldbraun der Pinie bis zu den tiefen, dunklen Schattierungen des Mahagoni. Interessant ist hierbei, dass zwei verschiedene Holzarten niemals genau die gleiche Farbe besitzen. So haben Sie die Möglichkeit, mit hölzernen Türen, Fensterrahmen, Tischen, Stühlen, Böden, Wänden und Decken eine Unmenge natürlicher Holztöne zu genießen, ohne extra braune Farbe kaufen zu müssen, die dunkel und stumpf aussehen kann. Wie jede Farbe, so muss auch Braun mit Bedacht verwendet werden, um angemessen wirken zu können. Obwohl sie Ruhe und Verlässlichkeit ausstrahlt, kann zu viel Braun beengen.

In diesen Räumen wird Holz für die Decken, Wände und den Boden verwendet. Diese Untergründe können auch mit natürlichem Wachs, das ins Holz einzieht, lackiert werden und so schöne Effekte erzielen. Als Bodenbelag wirkt Holz warm und einladend. Wie ein brauner Ackerboden, so vermittelt uns auch ein hölzerner Fußboden Erdverbundenheit und Sicherheit. Denken Sie daran, dass Sie mit hellen Böden das Gegenteil erreichen: Sie wirken verunsichernd und haltlos.

HERBSTFARBEN

Die tiefen, vollen Herbstfarben wirken einladend. Gerade in der kälteren Jahreszeit verbreiten sie Gemütlichkeit. Zusätzliche warme Farben des Spektrums, wie Rot, Orange und Gelb, wecken im Zusammenspiel mit diesen Herbstfarben angenehme Assoziationen.

Die Brauntöne der Natur sind sehr variantenreich. Mit der Maserung des Holzes bekommt die Farbe Licht und Lebendigkeit. Für Ihr Zuhause ist es eine solide und erdverbundene Farbe. Trotz aller Unterschiedlichkeit bestehen die Brauntöne immer aus Gelb, Rot und Schwarz. Es ist eine Farbe der Verpflichtung und Sicherheit. Wer sich zu Braun hingezogen fühlt, kann als zuverlässig, fleißig, praktisch und vertrauenswürdig gelten. In den 40er Jahren war es eine gängige Farbe für Arbeitskleidung, aber auch braune Anzüge, Kleider, Jacken und Mäntel waren über lange Jahre hinweg in Mode. Heute hat sich der Lebensstil deutlich geändert, Braun ist aus der Mode gekommen. Die neutralen grauen und anthrazitfarbenen Töne, die heute bei ähnlichen Gelegenheiten verwendet werden, wirken im Vergleich hierzu deutlich weniger konservativ.

Die himmelblauen Elemente im Raum gegenüber gleichen das solide Braun aus und sorgen so für Offenheit und Großzügigkeit. Die Blautöne kontrastieren gut mit dem Mauerwerk und bringen seine Orangetöne gut zur Geltung.

Links Der edle Samt dieses Kissenbezugs verstärkt den luxuriösen und tiefen Eindruck dieser herrlichen kastanienbraunen Herbstfarbe.

Mitte Ungewöhnliche Stoffe können ein interessanter Blickfang in der Wohnung sein. Unechter Pelz und Wildleder heben sich auf dem Hintergrund des hellen weißen Sofas gut ab.

Rechts Schlichte, unverputzte Ziegelwände haben eine schöne Wirkung. Diese Mauer am Kamin hat eine feine, unregelmäßige Farbgebung. Sie hat eine feine Struktur, die das Auge anzieht. Eine verputzte Wand ist einfacher zu reinigen und hat eine edlere Wirkung.

STEINGRAU

Natursteintöne können Sie mit Töpferware, Keramik, Steingut, Granit und sogar nackten Steinwänden in Ihr zu Hause integrieren. Diese Farbtöne wirken zwar nicht für sich allein, bilden aber einen schönen Hintergrund für andere Farben.

Am harmonischsten ist es, die sanften, grauen Natursteintöne in Verbindung mit den dekorativen Regenbogenfarben zu verwenden. Ohne Verbindung mit bunten Farben können sie flach und langweilig wirken, oder einfach leblos. Bei näherer Betrachtung von poliertem Marmor, Granit oder einem Sandsteinquader fällt auf, wie viele unterschiedliche Farbtöne in Naturstein enthalten sind. Diese Farben können Sie auch zu Hause leicht genießen, mit unregelmäßig geformtem Schiefer oder glatten Kieselsteinen. Auch als Türstopper sind sie dekorativ.

Wer sich eher zu stumpfen, flachen Farben hingezogen fühlt, könnte im Umgang mit ihren bunten Farbanteilen unsicher sein. Eine Entscheidung für eine dieser lebhafteren Farben deutet auch auf Ihren Hang zu den Eigenschaften der Farben hin. Eine Neigung zu klarem, reinem Grün steht für Vertrauen und Heilung und ist mit dem Herzen verbunden. Wenn wir die Eigenschaften der Farben analysieren, mit denen wir uns umgeben, können wir viel über uns selbst lernen. Je mehr wir solche Farben bewusst wahrnehmen, desto besser können wir sie als Signale unseres eigenen Empfindens verstehen.

Links Diese sanfte, kieselgraue Wand wird durch das Weiß in seiner Wirkung hervorgehoben. Dieser Kontrast gibt den Steinfarben Lebendigkeit und verhindert, dass sie flach und langweilig wirken. Außerdem bekommt der Raum dadurch mehr Helligkeit.

Rechts Hier bekommen die Farbtöne durch die verputzte, raue Wand eine besondere Ausstrahlung. Durch den unbehandelten, porösen Putz können die Wände atmen. Wenn Sie einen solchen Putz mit Naturwachs polieren, wird die Farbe noch intensiver und glänzender. Der goldfarbene Stoff der Kissen bringt Licht und Atmosphäre in den Raum.

ERDBRAUN

Wie in der Natur, sollten erdbraune Töne auch zu Hause am besten einzeln und mit anderen Farben kombiniert werden. In Granit, Marmor und Holz tragen die warmen erdbraunen Töne zu einem angenehmen Gesamteindruck bei.

Holz ist ein gesundes, lebendiges Material. Es ist organisch und gibt Ihnen Energie. In natürlicher, unbehandelter Form verbreitet feuchtes Holz einen angenehmen Duft.

Wenn Sie die Inneneinrichtung etwas verändern wollen, sollten Sie vorher ausprobieren, wie Sie auf die verschiedenen Farbtöne reagieren. Nur ein Hauch heller oder dunkler kann dazu führen, dass sich Wirkung und Einfluss der Farbe auf Sie völlig verändern. Um sich vor Überraschungen zu schützen, sollte Sie vorher eine Probe machen.

Bevor Sie sich für einen Farbton, wie das hier abgebildete Erdbraun, entscheiden, testen Sie vorher eine Reihe von Farbbeispielen. Betrachten Sie diese Tonbeispiele unter natürlichen wie künstlichem Licht, so wie es normalerweise in dem Raum scheint. Sie werden feststellen, welche Farbtöne erdend und unterstützend, und welche stumpf und langweilig wirken.

Der in diesem Bad verwendete Marmor vermittelt das Gefühl von Gediegenheit und Erdverbundenheit. Ein brauner Fußbodenbelag, braune Dielen oder Teppiche können Sie in der Wahrnehmung dieser erdenden Farbenergie zusätzlich unterstützen. Hölzerne Trittmatten im Bad sind genauso geeignet, besonders wenn sie barfuß darauf stehen.

Der in diesem Raum verwendete Marmor wirkt äußerst gediegen. Ihm kommt die Fülle an Tageslicht zugute, das zusammen mit den weißen Wänden und Decken verhindert, dass die erdigen Farbtöne zu schwer werden.

RUHIGES GRAU

Die ruhigen, zurückhaltenden grauen Farbtöne sind eher dazu geeignet, andere Farben in ihrer Wirkung zu unterstützen, als für sich allein zu stehen. Die neutrale Ausstrahlung des Grau kann die Lebhaftigkeit anderer Farben beruhigen.

Die Kombination verschiedener Stoffe und Fasern, in der Einrichtung wie in der Kleidung, kann für eine ausgewogene Farbgebung bedeutsam sein. Besonders Grundmaterialien wie Wolle und Leder wirken auch physisch auf uns. Leichte, unaufdringliche Grautöne finden sich häufig eher in natürlichen Materialien, als in Kunstfasern. Zu Hause können Sie solche Farben für Wolldecken, Möbel oder Kissenbezügen verwenden. Am besten wirken Grautöne in der Kombination mit bunten Farben, die sie in ihrer Wirkung harmonisieren und unterstützen. Alle Farben können von grauen Akzenten profitieren. Einer Welt ohne sanfte Grauschattierungen würde jedoch Struktur und Substanz fehlen.

Der blasse Holzboden und das weiße Betttuch gegenüber lassen den Raum hell und klar erscheinen. Zu viele dunkle Farbtöne wären hier schwer und drückend. Wenn Grau nicht unterstützend, sondern dominant verwendet wird, löst es möglicherweise Gefühle von Unentschlossenheit, Haltlosigkeit oder sogar Angst aus. Seine Wirkung sollte unbedingt mit bunteren, leuchtenderen Farben ausgeglichen werden.

Links Diese Blätter erinnern an ihre natürlichen Vorbilder. Leichtere Grauschattierungen haben eine ruhigere Wirkung.

Mitte Wollstoffe und Wolldecken sind bequem und beruhigend. Natürliche Farbpigmente erzeugen dezente Töne, wie diese neutralen, ruhigen Grauschattierungen.

Rechts Die Schlichtheit und Strenge des Nachttischchens lässt Sie sicher und geborgen fühlen. Da die Grautöne beruhigend wirken, sorgen sie für einen friedlichen Schlaf. Die zusätzlichen reinen Regenbogenfarben können Ihren Schlaf noch erholsamer und erfrischender machen.

ADRESSEN

Die Beschäftigung mit Farben übt auf Menschen der unterschiedlichsten Generationen eine starke Faszination aus. Einer der Pioniere auf dem Gebiet der modernen Farbtherapie ist Theo Gimbel des Hygeia College of Colour Therapy. Er begann seine Studien 1956 und avancierte zum führenden Farbberater und -lehrer. Alle namhaften Farbexperten wurden von ihm unterrichtet. Seine Studien haben geholfen, ein so wichtiges Thema sehr vielen Menschen ein Stückchen näher zu bringen.

ANTARA – COLOUR OF LIFE
Anita Schakinnis
Forststr. 44
D - 85521 Riemerling
Tel.: 089 / 60853035

INDIGO
Karin Hunkel
Schillerstr. 76
D - 63263 Neu-Isenburg
Tel.: 06102 / 787615

INTERNATIONAL COLOUR ACADEMY INSTITUT FÜR FARBENDYNAMIK
Postfach 1211
D - 74623 Bretzfeld
Tel.: 07946 / 1648

ZENTRUM FÜR GANZHEITLICHE FARBBERATUNG, KÖRPERKUNST & MALEREI
Cornelia Peter
Friedhofsweg 37
D - 18051 Rostock
Tel.: 0381 / 2009526
www.farbcentrum.de

COLOUR ME BEAUTIFUL IMAGE CONSULTANTS
Parkstr. 123
D - 28209 Bremen
Tel.: 0421 / 340999
www.colormebeautiful.de

HAUS LEBENSBAUM HEILPRAKTIKERIN DORIS MOLL
Blumenweg 37
D - 63128 Dietzenbach
Tel.: 06074 / 814814

AURA-SOMA FARBBERATUNG GMBH
Postgasse 38
CH - 3011 Bern
Tel.: 031 / 3119919
www.aura-soma-gmbh.ch

PRAXIS FÜR FARB- UND ENERGIEARBEIT DERLER & DIETRICH OEG
Keplerstr. 85
A - 8020 Graz
Tel.: 0316 / 712016

REGISTER

DANKSAGUNG

Die Autorin dankt Selina Mumford, Judith More, Janis Utton, Emily Asquith, Jonathan Hilton und allen anderen, die zur Verwirklichung dieses Buches beigetragen haben.

Ein besonderer Dank geht an Deborah Italiano von MantraColour Healing für ihre anregenden und hilfreichen Anmerkungen beim Lesen des Manuskriptes.

Nicht vergessen werden sollten all die Farbschulen und Farbberater, die mit ihrer Arbeit ein neues Farbbewusstsein in die verschiedenen Bereiche unseres Lebens bringen.

Arcaid / Petrina Tinslay/Belle 87 / Richard Bryant 123; **Axiom Photographic Agency /** James Morris 36, 44 rechts, 80 rechts, 82 rechts, 83 / Luke White 64 links & rechts, 65; **Mark Brazier Jones** 109; **Richard Glover** 67; **Robert Harding Picture Library** / GE Magazines Ltd 2, 38, 39, 98 rechts, 107, 122 links; **Interior Archive /** Fernando Bengoechea (Eigentümer: Liz O´Brien) 26 links, (Eigentümer: South Beach) 52 links / Simon Brown (Designer: Conran) 86 links, (Eigentümer: Rebecca Hossack) 94 links, (Designer: Margaret Howell) 122 rechts, (Stylistin: Melanie Molesworth) 94 rechts, (Designer: Clodagh Nolan) 85; **Inside Stock Image Production /** House & Leisure Magazine 6 / House & Leisure Magazine/G McAllister 30, 31; **Jonathan Pilkington** (Designer: Johnny Moke) 57; **Simon Upton** (Theaterdirektor: Frank McGuiness) 81, (Designer: Miller Miller) 95; **Andrew Wood** (Floristin: Paula Pryke) 66, (Architekt: Mike Tonkin) 26 rechts; **IPC International Syndications** Country Homes & Interiors/Spike Powell 19; **Ray Main / Mainstre**am 24 links & rechts, 25,28,29,32,33,40 oben, 41 45 46 links, 47, 48, 49, 53, 54 rechts, 55 rechts, 60, 61, 71, 72, 73, 76, 79, 80 links, 86 rechts, 92, 93, 104 links & rechts, 105, 108, 110, 111, (Designer: Nick Allen) 82 links, (Architekt: Duncan Brown) 56, 106, (Architekt: Granit Architects) 78, (Designer: Lawrence Llewelyn-Bowen) 77, (Architekt: Andrew Martin) 52 rechts, 54 links, 99, Martin Lec Associates 46 rechts, Mathmos 90 links & rechts, 91, (Designer: Roger Oates) 27, (Designer: Drew Plunkett) 68; **Octopus Publishing Group /** 37, 40 unten, 42, 59, 70, 114, 115, 118, 120 / Gary Latham 13, 14 / Neil Mersh 116, 117 / Steve Tanner 20 / Simon Upton 4; **David Parmiter** 98 links, 100, 101; **View** 58,69 / Nick Hulton 43; **Elizabeth Whiting und Associates /** Rodney Hyett 44 links / Mark Thomas 96